P.V.

PAYÉ
ANNULÉ

0 9 JUIL. 2002

Un amour
à Auschwitz

Thilo Thielke

Un amour
à Auschwitz

Traduit de l'allemand par
Nicole Barry

Libre Expression

Données de catalogage avant publication (Canada)
Thielke, Thilo
Un amour à Auschwitz
Traduction de : Eine Liebe in Auschwitz.
ISBN 2-89111-985-1
I. Bary, Nicole. II. Titre.

PT2682.H53L5314 2002   833'.92   C2002-940434-7

Titre original
EINE LIEBE IN AUSCHWITZ

Traduit de l'allemand par
NICOLE BARY

Maquette de la couverture
FRANCE LAFOND

Infographie et mise en pages
SYLVAIN BOUCHER

Éditions Libre Expression
2016, rue Saint-Hubert
Montréal (Québec) H2L 3Z5

Dépôt légal :
2ᵉ trimestre 2002

ISBN 2-89111-985-1

Avant-propos

Ce livre n'aurait pas vu le jour si son protagoniste Jerzy Bielecki, dont je raconte l'histoire, ne m'avait généreusement apporté son aide. Au cours des cinq dernières années, il a toujours trouvé le temps de répondre à mes questions, bien que ce ne fût pas simple pour lui. Il m'a également donné la possibilité de l'accompagner à une rencontre de survivants d'Auschwitz, et m'a montré les lieux dans lesquels lui ont été infligées des tortures à peine imaginables. Je le remercie en outre de m'avoir permis de consulter, pour mes recherches, son autobiographie publiée en Pologne.

Tadeusz Srogi, un codétenu qui rendit possible l'évasion de Jerzy et de Cyla, m'a accordé lui aussi une longue interview qui s'est révélée une source d'informations précieuses.

Ma collègue Alexandra Vinocur s'est rendue aux États-Unis et s'est entretenue avec Cyla Zacharowitz qui vit maintenant à New York. Il lui a été particulièrement pénible de se remémorer l'époque où elle vivait en Pologne. Je lui en suis d'autant plus reconnaissant d'avoir pris la peine d'exposer les choses de son point de vue.

Les autres documents proviennent des Archives militaires fédérales de Fribourg, des archives du Musée d'Auschwitz, de l'Institut historique juif de Varsovie, du Mémorial de Yad Vashem et du *Spiegel* dont la bibliothécaire, Bibiana Mennicken, m'a apporté une aide précieuse pour la traduction des documents rédigés en polonais. La documentation a été réunie par Iris Timpke-Hamel.

La Pologne durant les premières années de guerre

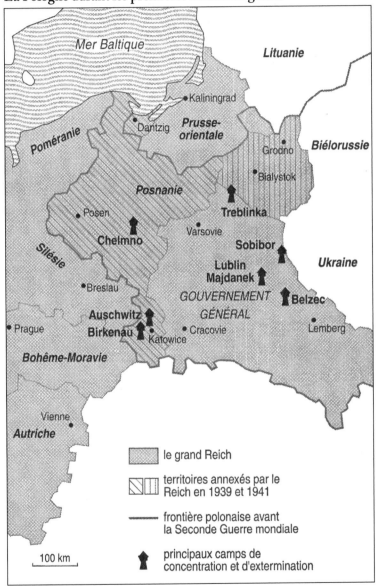

Mer Baltique

Lituanie

Kaliningrad

Dantzig

Prusse-orientale

Poméranie

Grodno

Biélorussie

Bialystok

Posnanie

Posen

Treblinka

Chelmno

Varsovie

Sobibor

Silésie

Lublin
Majdanek

Ukraine

Breslau

GOUVERNEMENT
GÉNÉRAL

Belzec

Auschwitz

Prague

Birkenau

Katowice

Cracovie

Lemberg

Bohême-Moravie

Vienne

Autriche

le grand Reich

territoires annexés par le
Reich en 1939 et 1941

frontière polonaise avant
la Seconde Guerre mondiale

100 km

principaux camps de
concentration et d'extermination

1

Victoria, l'employée de maison polonaise que tout le monde appelle familièrement Vitka, a depuis quelque temps l'habitude de se rendre une fois par semaine dans la petite bijouterie de Brooklyn pour aider la vieille dame. Mme Zacharowitz, de caractère plutôt renfermé, vit seule depuis la mort de son mari, il y a huit ans. Parce que, juive pieuse sans être fondamentaliste, elle respecte le sabbat, Vitka passe toujours le vendredi matin, elle met de l'ordre dans les vitrines, nettoie le plancher et fait quelques courses.

Cyla Zacharowitz n'a jamais parlé de son passé. Du moins pas jusqu'à ce jour de l'été 1983. Comme toujours lorsqu'elles se voient, Vitka a fait du café, elle est en train de disposer les tasses sur la table lorsqu'à brûle-pourpoint Mme Zacharowitz se met à parler.

«Tu sais, Vitka, dit-elle, j'ai été autrefois très amoureuse d'un Polonais. Il y a bien longtemps.»

Et elle se met à raconter sa vie qui a commencé il y a des années dans le village polonais de Lomza. Elle parle du grand moulin, très moderne pour l'époque qui appartenait à son père, un homme fortuné et bien considéré dans le shtetl, elle raconte son enfance protégée, évoque ses frères et sœurs, ses années de scolarité, les projets d'avenir qu'elle avait faits alors qu'elle n'était qu'une toute petite fille. Des détails de plus en plus nombreux, enfouis depuis longtemps au fond de sa mémoire, lui reviennent à l'esprit. Des détails d'une vie qu'elle avait refoulée, mais qui dernièrement hantent de plus en plus fréquemment ses pensées et, comme un cauchemar, ne lui laissent aucun répit.

Cyla Zacharowitz a confiance en Vitka. Elle appartient à une autre génération, une génération innocente. De plus, elle est polonaise. Elle peut peut-être comprendre. Cyla Zacharowitz peut lui parler. Elle peut même lui révéler ce qu'elle a jusqu'ici toujours caché.

À un moment, au cours de cette matinée, elle relève la manche de son pull-over et regarde sans mot dire le numéro sur son avant-bras gauche. Le numéro 29558 lui a été tatoué par ceux qui ont assassiné ses proches : numéro de détenue à Auschwitz, souvenir permanent d'une horreur inimaginable, souvenir des trains, des crématoires, des barbelés; souvenir de la famille qu'elle a perdue, de son père Mordechai, de sa mère Fela, de ses frères Jakub et Nathan, de sa sœur Rebecca. Souvenir des humiliations et des souffrances. Et aussi, souvenir de Jurek qu'elle a aimé lorsqu'elle avait l'âge qu'a peut-être aujourd'hui Vitka.

Elle l'a aimé comme elle n'a aimé aucun autre homme, ni avant, ni après, et elle lui doit la vie. Mais maintenant, dit-elle, il est mort depuis longtemps, car après l'automne 1944 il ne lui a plus donné le moindre signe de vie. À cette époque-là, alors que le Reich nazi s'effondrait sur tous les fronts, il avait combattu aux côtés des partisans polonais. Puis il avait disparu de sa vie. Mais elle n'avait jamais pu l'oublier. Il l'avait sauvée par amour et il avait, pour cela, risqué sa propre vie; Jerzy Bielecki, polonais, catholique, détenu numéro 243, un beau jeune homme élancé aux cheveux de jais. Au milieu de l'horreur, il lui avait redonné confiance dans les émotions humaines, l'amour et la sécurité. Il l'avait libérée d'Auschwitz de la façon la plus spectaculaire. Avec une audace inouïe, il s'était procuré dans le camp un uniforme de SS, et il était allé la chercher là où elle était obligée de travailler et l'avait tout simplement emmenée. Ensemble ils avaient parcouru le long chemin qui les séparait du poste de contrôle à la limite du camp, puis ils avaient erré pendant des jours dans la forêt. C'est avec elle qu'il avait rejoint sa famille sur le territoire du gouvernement général de Pologne et il avait mis Cyla en sécurité chez des paysans. Il était ensuite allé retrouver les partisans. Lorsqu'ils auraient chassé les Allemands, lui avait-il dit, ils se marieraient. Cela ne pouvait plus durer longtemps, avait-il ajouté en la quittant. Mais il ne revint pas.

La jeune Polonaise suit le récit de la vieille dame avec une grande attention, certains détails de cette histoire incroyable lui semblent familiers. Elle se rappelle avoir vu en compagnie d'une amie, il y a longtemps, un reportage à la télévision polonaise. Un vieux monsieur avait raconté son évasion d'Auschwitz. Lui aussi s'était procuré un uniforme de SS, il avait sauvé une jeune Juive et avait ensuite rejoint les partisans. Et lui aussi, il avait par la suite perdu la trace de celle qu'il avait aimée. Après la guerre, avait-il dit, la jeune fille juive était morte dans un hôpital suédois.

Était-il possible qu'il existât deux histoires à ce point semblables? Ou se pouvait-il que le sauveur de la jeune fille ait survécu à la guerre?

«Vous vous appeliez Cybula, Cybulowa ou quelque chose comme ça», se souvient la jeune employée de maison.

Brusquement le visage habituellement tellement impassible de la vieille dame s'anime. Elle peut à peine formuler une phrase. Ce qu'elle vient d'entendre lui fait, comme elle dira par la suite, pour ainsi dire «perdre connaissance». Puis elle serre Vitka dans ses bras,

13

l'embrasse en pleurant de joie. « Ce ne peut être que Jurek, il doit avoir survécu, finit-elle par dire. Mon nom de jeune fille est bien Cybulska, Cyla Cybulska. » Puis elle n'a plus qu'une idée en tête : « Comment savoir s'il est encore en vie ? Et où il vit ? »

2

Le 1er septembre 1939 des bombardiers, en piqué, grondent au-dessus du village polonais de Michalowice dans les environs de Cracovie. La nuit a été claire et froide, le jour qui se lève promet d'être ensoleillé. Adolf Hitler a fixé le début des opérations à 4 h 45 ; l'ordre du jour destiné à l'armée allemande informe que «l'heure de l'épreuve» a sonné et qu'il faut faire confiance au Führer. À 6 heures du matin, c'est une ère nouvelle qui commence pour Jerzy Bielecki – que tous appellent Jurek.

L'alarme aérienne les a tirés du sommeil, lui, son frère Leszek et leur ami Staszek, et elle a brutalement mis fin à leurs vacances. Les trois jeunes hommes se précipitent dans la rue devant l'école primaire dans laquelle ils ont provisoirement élu domicile.

«Tu es devenu un adulte d'un seul coup», cette pensée trotte dans la tête du jeune lycéen âgé de dix-huit ans, tandis que sous le fracas des bombardiers allemands, il se hâte d'aller, en compagnie de son frère, retrouver sa mère qui les attend en larmes sur le seuil de la maison paternelle et leur dit dans un sanglot : «Mes enfants, c'est la guerre!» Quant à leur père, on ne peut pas lui arracher un mot. Soucieux et replié sur lui-même, il fait face à ses fils et se tait.

Depuis des semaines, ils savaient tous qu'il allait y avoir la guerre et ils ne se sont pas fait d'illusions. Ces derniers temps, les hommes se sont retrouvés de plus en plus fréquemment pour savoir ce que le père de Jerzy, le secrétaire de mairie Karol Bielecki, pensait de l'avenir de la Pologne et des provocations des nazis allemands. Mais à ce moment-là, personne ne pouvait deviner ce qui se préparait à l'Ouest. Avec l'attaque de la Pologne, l'opération Weiss, commence un carnage qui ne va pas tarder à générer la Seconde Guerre mondiale. Quelques années plus tard, l'Europe ne sera plus que cendres et ruines.

Ces derniers mois ont été une période d'extrême tension. À l'Anschluss de l'Autriche au Reich allemand, a succédé le démantèlement de la Tchécoslovaquie. Et, bien que, dès le 31 mars 1939, la France et la Grande-Bretagne aient conclu un traité qui devait garantir l'indépendance de la Pologne et, le cas échéant, obliger les deux puissances à déclarer la guerre à l'Allemagne, les attaques allemandes contre son voisin de l'Est n'ont cessé de croître. Le chef de la propagande du Reich, Joseph Goebbels, n'a pas arrêté de tenir des propos incendiaires contre la Pologne, qu'il n'a pas hésité à qualifier de «souillure pour l'Europe», de «pays culturellement arriéré qui n'a pas évolué depuis 1760». Les Allemands ont réclamé de façon de plus en plus pressante l'intégration de la ville libre de Dantzig dans le Reich et le règlement de la «question du corridor». Le traité de Versailles avait accordé à la Pologne un accès à la mer Baltique sous la forme d'un corridor de trente à quatre-vingt-dix kilomètres de large séparant la Prusse orientale du reste du Reich, une source de conflits continuels.

Finalement, le 22 août, vers 22 heures, le programme de radio allemand fut interrompu et on annonça que le ministre des Affaires étrangères, Joachim von Ribbentrop, s'était envolé pour signer à Moscou un pacte de non-agression avec l'Union soviétique. À partir de ce moment-là, il était évident que la guerre allait éclater.

Jerzy, élève de la troisième classe d'un lycée de Cracovie, était en vacances pendant ces semaines troubles qui ont précédé la guerre. En compagnie de sa mère et de son frère Leszek, il était allé retrouver son père à la campagne. La situation de ce dernier – secrétaire de mairie à Michalowice – et le désir de ses deux fils aînés de fréquenter une école supérieure à Cracovie avaient rendu inévitable une séparation provisoire de la famille. Le cœur lourd, la mère, Zofia Bielecka, s'était installée avec ses deux grands fils dans la ville située à quelque dix kilomètres de leur village. Elle avait loué un appartement de trois pièces rue Lubleska, tandis que Krysztof et Karol, le benjamin, étaient restés avec leur père. Pendant l'été, la famille réunie comptait passer quelques journées tranquilles.

Pour échapper à la sévérité paternelle, Jurek, Leszek et leur ami Staszek Stachura qui travaillait comme coursier pour leur père, s'installèrent dans les bâtiments de l'école du village où les adolescents n'étaient pas dérangés.

Et maintenant, les premières bombes tombaient sur les villes polonaises. Ce qu'ils avaient tous redouté et qui avait fait trembler l'Europe entière s'était produit. C'était la guerre, et nombreux étaient ceux qui savaient que ce serait une grande guerre. Et pourtant en ce 1er septembre, un étrange sentiment de soulagement se mêlait à la peur. La torture entretenue par l'incertitude était terminée. Et les Polonais qui croyaient pouvoir repousser l'armée allemande n'étaient pas rares. Deux semaines avant la déclaration de la guerre, l'ambassadeur de Pologne à Paris, Juliusz Lukasiewicz, n'avait-il pas lui-même affirmé que, si l'Allemagne nazie voulait entrer en conflit, «on occuperait l'Allemagne dès la déclaration de la guerre»? Le haut-commandement polonais espérait pouvoir arrêter les troupes allemandes et spéculait sur l'entrée en guerre des puissances occidentales et la construction d'un second front.

Jerzy Bielecki est lui aussi pénétré de ce patriotisme. On dirait presque qu'il attendait cette guerre. Voir ses parents impuissants et affolés sur le seuil de la porte lui fait mal. Ils ne partagent pas son optimisme, ils ont peur pour leurs fils. Mais « sa conscience » dicte à Jurek qu'il faut se battre, du moins qu'il ne faut pas se rendre sans combattre les « hitlériens ». Il met Leszek et Staszek dans la confidence. Plutôt déçus de ne pas avoir été recrutés, ils partent tous les trois le lendemain à vélo à Cracovie, à la caserne la plus proche pour se porter volontaires. Ils n'ont pas beaucoup de bagages : une chemise, un pantalon, un peu d'argent, cela doit suffire.

Que les parents ignorent leurs projets ne les gêne pas, les militaires ne manqueront pas de les informer. Mais qu'on ne voie aucun soldat polonais sur les routes, alors que les Messerschmitt filent à toute allure au-dessus de leurs têtes, ils trouvent cela incompréhensible. Cependant, c'est la réaction de l'officier de service qui les choque le plus profondément et blesse leur ardeur juvénile. L'officier sourit avant de dire doucement : « Vous avez encore le temps » et de renvoyer les trois volontaires chez leurs parents.

Et eux qui avaient pensé qu'on allait les accueillir à bras ouverts ! Ils n'avaient pas manqué de préciser qu'au lycée on les avait initiés, au cas où les choses deviendraient sérieuses, par la préparation militaire obligatoire, mais cela n'avait servi à rien, pas plus que de déclarer qu'ils étaient prêts à combattre pour défendre leur patrie.

Ils sont maintenant devant les portes de la caserne et donnent la Pologne perdante.

Ce qu'Alexandre, le plus jeune frère du père de Jurek, vient raconter l'un des jours suivants ne leur redonne guère de courage. L'officier de métier s'est rendu en voiture à Michalowice pour informer son frère Karol Bielecki de la situation militaire. Bien que les deux frères s'entretiennent seul à seul pendant presque trois heures, Jerzy ne peut pas s'empêcher d'écouter à la porte. « L'autorité militaire nous a trahis, maugrée laconiquement l'oncle Alexandre. Les militaires battent en retraite au lieu de combattre. » Puis il disparaît pour rejoindre son unité.

Dès le 6 septembre, les premières colonnes de blindés roulent dans les rues désertes de Michalowice. Les fantassins allemands ne semblent pas être particulièrement impressionnés par la défense polonaise, et le haut-commandement de la Wehrmacht fait savoir dans son ordre du jour que « d'importantes forces » pénétrèrent « dans Cracovie repoussant les adversaires polonais qui battent en retraite. Les Polonais dans leur hâte de fuir n'avaient pas pris le temps de détruire leurs installations ». On pouvait donc compter que dans la région minière, « le travail reprendrait sous peu dans les puits ».

La résistance polonaise ne peut pas s'opposer plus longtemps à l'attaque allemande. Certes, la France et l'Angleterre ont déclaré la guerre à l'Allemagne le 3 septembre, mais à l'automne 1939 tout reste parfaitement calme sur la frontière occidentale, par chance pour la Wehrmacht qui sur ce flanc semble très vulnérable. Finalement, le 27 septembre, Varsovie capitule au moment où le gouvernement polonais s'est réfugié en Roumanie. D'importantes unités militaires se sont également enfuies hors des frontières et essayent désormais de se réorganiser en une armée d'exil pour poursuivre le combat contre l'Allemagne, tandis que l'Armée rouge occupe les provinces biélorusse et ukrainienne de l'est de la Pologne. « La Pologne, c'est une affaire réglée », note Joseph Goebbels avec satisfaction le 10 octobre dans son journal intime. Et il ajoute : « Le jugement du Führer sur les Polonais est terrible. Totalement passifs et amorphes, ils ressemblent davantage à des animaux qu'à des humains. »

La terreur succède aux agressions verbales. La Pologne est d'abord démantelée : les régions de Dantzig* au nord, de Posen** à l'ouest et de haute Silésie au sud-ouest sont intégrées au Reich dont elles deviennent des provinces, alors que l'espace vital réservé aux Polonais devient un «Gouvernement général» dont la capitale est Cracovie. Puis, on commence à persécuter les intellectuels. «La mission des formations spéciales de SS est de combattre tous les éléments ennemis de l'Allemagne dans le pays ennemi à l'arrière du front», est-il écrit dans les instructions destinées à la police et au service de sécurité à l'étranger.

Peu de temps auparavant, Reinhard Heydrich a été nommé chef de «l'Office central du service de sécurité du Reich», une nouvelle institution placée sous la tutelle de la police de sûreté nationale dirigée par Heinrich Himmler et qui réunit la Gestapo, la police criminelle et le service de sécurité. Ses unités spéciales étaient chargées de faire respecter les nouvelles instructions à l'arrière du front. «Les Polonais aux commandes doivent autant que faire se peut être mis hors d'état de nuire», a déclaré Heydrich le 7 septembre dans une réunion de son administration.

Ce qu'il faut comprendre par cette déclaration, les professeurs de la célèbre université de Cracovie vont être les premiers à le savoir. Le 6 novembre, cent quatre-vingt-trois enseignants sont arrêtés dans le bâtiment principal de l'université; la plupart d'entre eux sont envoyés à Sachsenhausen. Douze d'entre eux meurent pendant les neuf premières semaines de leur détention au camp de concentration.

Comme il est interdit aux écoles de continuer à dispenser un enseignement, et que la police de sûreté

* Gdansk.
** Poznan.

allemande fait la chasse aux intellectuels, Jerzy et ses frères restent à Michalowice avec leur mère. Au village, ils ne sont guère témoins de la terreur que font régner les nazis. Évidemment des bruits circulent : on raconte que des arrestations ont lieu, que le général polonais Wladyslaw Sikorski, qui a réussi à fuir, est en train d'organiser à Paris un gouvernement d'exil et la résistance contre l'occupant. Le nom de Sikorski, commandant en chef de l'armée polonaise, est désormais synonyme d'espoir pour les patriotes polonais, et parmi eux, Jerzy Bielecki.

Tandis que l'effroi, provoqué par la rapide défaite de l'armée polonaise et la passivité de l'Angleterre et de la France, s'abat sur les Polonais sans que la vague perspective de l'organisation de la résistance parvienne à les rassurer, les Allemands travaillent fébrilement à la mise en place de leurs plans, concernant le traitement de la population dans un État occupé : à ce moment-là, plus de trois millions de Juifs vivent en Pologne.

Dès le 29 septembre, Adolf Hitler expose ses conceptions en petit comité. Il faut partager le territoire occupé en « trois bandes ». Il faut installer « entre la Vistule et le Bug l'ensemble des Juifs, y compris ceux qui se trouvent dans le Reich, ainsi que les éléments douteux », il faut édifier sur la Vistule « un rempart invincible à l'est, encore plus solide que celui de l'ouest ». Sur un territoire qui sera annexé au Reich allemand, il faut prévoir une « large ceinture pour la germanisation et la colonisation », au milieu de tout cela on organisera un « gouvernement » polonais.

Seulement deux mois plus tard, un texte de « l'Office de politique raciale du NSDAP* » intitulé « Comment traiter la population des anciens territoires polonais selon les théories de la politique raciale » paraît à Berlin. Les projets exposés dans ce texte et répartis en chapitres « germanisation », « déportation », « réinstallation », prévoient de

_____
* Parti ouvrier allemand national-socialiste.

déporter vers l'est environ six millions six cent mille Polonais se trouvant dans les territoires annexés par le Reich, de «changer de peuple» environ un million cinq cent mille personnes, d'exterminer les intellectuels polonais, d'arracher à leurs familles les enfants polonais «valables du point de vue racial» pour en faire des Allemands.

Il est également prévu d'installer à l'ouest ceux qu'on appelle les *Volksdeutsche**, c'est-à-dire les Allemands se trouvant dans les territoires de Prusse orientale et des pays baltes occupés par l'Armée rouge, pour en faire des «paysans-soldats». «Cela serait, note l'idéologue du parti nazi Alfred Rosenberg, la mission principale pour l'ensemble du peuple : créer un grenier à blé, une paysannerie forte, y installer des bons Allemands du monde entier.» Et Himmler affabule déjà : d'ici cinquante à quatre-vingts ans, vingt millions de colons allemands peupleront le nouvel Est, la moitié d'entre eux seront des paysans qui auront chacun huit à dix enfants. «Les cités des territoires colonisés doivent être particulièrement bien tenues, les terrains autour des maisons doivent être propres et fonctionnels.» Lorsqu'on aura réalisé cela, la question de l'élargissement des territoires du Reich vers l'est pourra être à nouveau posée. «C'est, dit-il, le cours normal de l'histoire d'un peuple : trouver constamment de nouveaux champs à conquérir et à coloniser…» Et Heydrich formule ainsi le rôle des Polonais à l'intérieur de l'Est «germanisé» : «Le but est que le Polonais soit un travailleur saisonnier et mobile dont le domicile doit se trouver dans les environs de Cracovie.»

* * *

À cette époque-là, Cyla Cybulska mène une vie relativement insouciante à Lomza. La petite ville située à

---

* *Volksdeutsch* : Allemand des territoires extérieurs au Reich, par opposition à *Reichsdeutsch* = Allemand du Reich.

proximité de Bialystok compte vingt mille habitants en 1939, la moitié d'entre eux sont des Juifs. Au cours des dernières années, une communauté juive dynamique s'est établie, elle a plusieurs écoles, une grande synagogue, des journaux, des partis politiques et un hôpital.

Lorsque les «seigneurs» allemands entrent à Lomza, également à la mi-septembre, la population juive est tout d'abord effrayée. Des bruits circulent, parlant de pogroms : les antisémites polonais et ukrainiens profitent de la présence des nazis pour terroriser impunément les Juifs. Des maisons sont incendiées et les Juifs battus à mort en pleine rue, une atmosphère de lynchage se développe, et nombreux sont ceux qui s'enfuient dans les forêts et y restent terrés par peur de la peste brune.

Par chance, la Wehrmacht se retire rapidement, tandis que l'Armée rouge progresse, Lomza se trouve à proximité de la ligne de démarcation qui partage la Pologne en deux parties : l'une occupée par l'Union soviétique et l'autre par l'Allemagne nazie. Cette année-là, Cyla a dix-huit ans. Son père est «un homme très, très bien qui vient d'une famille juive connue», il est copropriétaire de la Société du moulin de Narew, une affaire nommée d'après le nom du fleuve qui traverse Lomza. Cette société exploite au centre de la ville un grand moulin à vapeur moderne qui emploie une douzaine de personnes. La famille Cybulski ne peut pas se plaindre de problèmes financiers. Elle possède plus de cinquante hectares de forêts, plusieurs chevaux, un grand appartement. Deux bonnes s'occupent des quatre enfants. Une comptable tient les comptes.

Parfois, Cyla va se promener en compagnie de son grand berger allemand qui est censé protéger la demoiselle aux boucles brunes des assiduités des garçons de son âge.

3

«Pourquoi ne manges-tu pas?» Zofia Bielecka est étonnée par le comportement de son fils. Il a habituellement bon appétit, il passe parmi ses conscrits pour l'un des plus forts. Parfois, c'est même lui qui gagne lorsqu'il fait un bras de fer avec son oncle Bronek. Mais aujourd'hui, on dirait qu'il a quelque chose qui ne passe pas. Jurek ne dit mot.

Dans la pièce voisine, M. Bielecki s'est mis à son aise pour lire son journal. À côté de Jurek, Karol, le plus jeune fils, pignoche aussi sans faim dans son assiette, Krysztof est assis en face de lui. Leszek est chez des amis. On est le 20 avril 1940 et Jerzy Bielecki a pris une décision dont personne dans la famille ne se doute. Seul Karol, son frère préféré, est au courant.

C'est une décision qui va radicalement transformer sa vie. Jurek a décidé de quitter sa famille et d'aller se battre. Il redoute que les rabatteurs de Heydrich s'en prennent aussi un jour à lui, le lycéen qui n'a jamais caché ce qu'il pensait de l'Allemagne nazie, et qu'ils viennent pour l'emmener au travail obligatoire ou dans un camp.

Tandis qu'il est assis là en silence à la table familiale, il prend congé par la pensée de Michalowice, de ses parents, de ses frères. Au bout d'un moment, il se lève et serre Karol contre lui. «Il faut que j'y aille», dit-il en s'efforçant d'avoir une voix ferme. Puis il embrasse son frère bien-aimé sur la joue. Il va dans la cuisine, essaie d'avoir l'air le plus naturel possible et quitte finalement la maison. Karol suit des yeux son frère dont la silhouette disparaît dans l'obscurité. À proximité de la maison paternelle, Jurek s'arrête et cherche quelque chose dans les buissons qu'il finit par dénicher. Il tire précipitamment le sac à dos de sa cachette et en vérifie rapidement le contenu : une chemise bien pliée, un pull-over, un manteau léger, une couverture «roulée, comme c'est l'usage chez les militaires». Et sur le dessus, un saucisson «dur comme une matraque».

Satisfait, il presse le pas pour atteindre cinq cents mètres plus loin une petite colline plantée de bouleaux. C'est là que l'attend Staszek qui, énervé par l'attente, lui lance : «Te voilà enfin. Maintenant il ne manque plus qu'Edek.» Edmund Bubka, un ami des deux garçons, de Michalowice lui aussi, arrive au bout d'un moment et se fait vertement tancer : «Comment peux-tu être en retard?» Sur ce, ils se mettent tous les trois en route à travers champs, direction sud-est. Leur but est la frontière polno-hongroise. Et de là, ils veulent rejoindre l'armée du général Sikorski.

Ils marchent toute la nuit, passent la Vistule, s'orientent d'après les voies de chemin de fer. Au petit matin, ils atteignent enfin un village.

«Y a-t-il une gare ici? demandent-ils à une bonne femme qui porte un bidon de lait.

– Oui, répond la vieille, à cent mètres environ.»

C'est à peu près à ce moment que Karol Bielecki découvre la lettre de son fils qui lui annonce lui avoir emprunté sa montre et deux cents zlotys, une somme importante à cette époque-là. «Tu ne dois pas te mettre en colère, le supplie Jerzy. Je te rendrai tout.» Mais pour le moment, il doit accomplir son devoir de patriote, lui explique-t-il, et rejoindre les Polonais qui résistent aux Allemands. Il reviendra quand la guerre sera finie.

* * *

Tandis que Jerzy et ses amis font route vers Nowy Sacz d'où ils veulent essayer de gagner la frontière, les Allemands consolident leurs plans de déplacement des populations. En l'espace de quelques mois, des dizaines de milliers de *Volksdeutsche* des pays baltes reviennent dans le Reich, et tout autant de Juifs des territoires polonais annexés au Reich sont déportés sur le territoire du gouvernement général de Pologne. Le professeur de géographie Walter Geisler, de l'université de Posen récemment rouverte, explique ainsi les mesures drastiques : « Lorsqu'on veut construire, il faut commencer par une opération d'épuration, c'est-à-dire exterminer et éliminer tout ce qui ne trouve pas sa place dans le plan ou tout ce qui s'y oppose. »

C'est aussi le point de vue de Goebbels : « Les Polonais seront expulsés jusqu'au dernier. Il n'y aura pas de pardon. Toute la province doit être purement allemande. » Peu de temps après, différentes villes polonaises ont déjà l'air complètement mortes. Un journaliste suédois qui visite la ville de Gdynia rapporte que le nom de Totenhafen, le port des morts, conviendrait mieux à l'état de la ville que la germanisation du nom imposée par les Allemands, Gotenhafen. « Une ville qui comptait autrefois cent trente mille habitants en a aujourd'hui dix-sept mille. Il ne reste que quelques Polonais à Gdynia et leur avenir est difficile. Ils meurent de faim, car on ne leur donne pas de cartes d'alimentation. »

La région de mines et d'industrie lourde de haute Silésie réserve évidemment des problèmes plus importants aux nazis. Même dans l'optique d'une possible germanisation du territoire, on ne peut pas déloger aussi facilement certains Polonais : sans les ouvriers polonais, la production si importante pour la guerre aux yeux des

Allemands s'arrêterait. Mais si les Polonais restent dans cette région, Heinrich Himmler craint qu'elle ne demeure un facteur d'insécurité permanent, réunissant intellectuels et travailleurs qui ne manqueront pas de s'organiser politiquement.

Au printemps 1940, le Reichsführer SS décide de construire dans une vallée marécageuse, chaude et humide, à environ soixante kilomètres de Cracovie un camp de concentration pour les Polonais particulièrement rebelles. C'est un lieu désolé : en été, il foisonne de moustiques, il n'y a pas le moindre souffle d'air et une chaleur pesante s'abat sur toute la région. Près d'une petite ville isolée du nom de Oswiecim, la Sola se jette dans la Vistule et inonde régulièrement au printemps les prés qui la bordent. Mais ce qui rend l'endroit intéressant pour en faire un camp, c'est l'isolement de la région, une liaison ferroviaire et une vingtaine de baraques en brique rouge en très mauvais état qui ont été autrefois une caserne d'artillerie autrichienne et ont servi par la suite à l'armée polonaise. Le nom allemand de ce lieu est Auschwitz.

Le 30 avril, dix jours après le départ nocturne de Jerzy Bielecki de la maison paternelle, Rudolf Hëss, qui dirigeait jusque-là le camp de Sachsenhausen, descend du train en provenance de Breslau* en compagnie de cinq SS, et découvre son futur lieu de travail : la caserne d'Auschwitz. Commandant de ce futur camp, il a pour mission «de faire dans les plus brefs délais de cet ensemble de baraques dont les murs tiennent encore debout, mais dont les installations sont complètement dévastées et fourmillent de vermine, un camp de transit pour dix mille détenus». Les travaux commencent peu après. «La tâche n'est pas simple», avoue le

* Wroclaw.

27

Hauptsturmführer SS qui a commencé son service dès 1934 à Dachau et l'a déjà exercé dans différents camps de concentration.

* * *

Dans le village où se trouve la petite gare, Jerzy, Staszek et Edek accélèrent le pas. Il commence à faire jour, et il y a justement une auberge où l'on peut boire un thé et reprendre haleine sur un banc. Ils s'attaquent de concert au saucisson qu'ils ont apporté et attendent le train pour Cracovie. Nowy Sacz, une petite ville entourée de montagnes aux sommets arrondis, est certes provisoirement le but de leur voyage, mais pour ne pas éveiller les soupçons, ils commencent par prendre des billets pour la petite localité voisine de Bochnia. Plus tard, dans le compartiment, il s'avère que leur camouflage n'est pas parfait, mais la prudence recommandée.

« Vous allez à Bochnia ? » demande, l'air méfiant, un paysan qui se rend avec sa femme au marché le plus proche. Après avoir jeté un regard scrutateur sur les trois hommes et leur bagage léger, il leur conseille de ne pas s'y rendre. « Descendez avant ! Là-bas, c'est plein de gendarmes. Descendez, c'est un conseil que je vous donne ! »

Ils s'échappent du train dans une gare abandonnée. Il y a une forêt à proximité. Là, dans le sous-bois, ils commencent par étudier la carte et constatent avec inquiétude que bien que ce soit déjà l'après-midi, ils n'ont pas fait beaucoup de chemin. Ils se trouvent à dix kilomètres d'une petite ville, Wisnicz. Alors ils se mettent en route et marchent d'un bon pas en entonnant des chansons qui parlent de la Pologne et de ses partisans.

Ils avancent en direction du sud-est. Dans le soleil déclinant, ils aperçoivent un petit château au sommet d'une colline. Par crainte de la police, ils font un large détour pour éviter Wisnicz ; lorsque leurs jambes commencent à donner des signes de fatigue et l'obscurité est telle qu'ils ne parviennent quasiment plus à voir le chemin, ils se couchent dans un buisson et s'endorment en frissonnant.

* * *

Le lendemain matin, il y a du brouillard, la journée s'annonce froide et humide. Pour se réchauffer, Jurek, Staszek et Edek font un peu de gymnastique et prennent leur petit déjeuner; ils se montrent économes en préparant leurs rations. Puis ils reprennent leur marche et finissent par atteindre une route. À gauche coule un fleuve qu'enjambe un pont étroit. Dix kilomètres plus loin – le soleil est déjà haut dans le ciel et sèche leurs vêtements humides –, une prairie et quelques blocs de rocher les invitent à faire halte.

Soudain, le bruit d'un moteur effraie les trois compagnons. Il est trop tard pour prendre la fuite. Le buisson le plus proche est trop éloigné, et les véhicules de la Wehrmacht s'approchent trop vite.

«Où voulez-vous aller? leur lance un sous-officier sur un ton peu amène.

– À Nowy Sacz.

– Pour quoi faire?

– Nous allons à l'enterrement d'une tante.»

Ils se sont mis d'accord pour donner cette explication en cas de contrôle, et pour rendre cette fable encore plus plausible, Jurek s'est procuré un formulaire au secrétariat de mairie de son père et s'est lui-même établi un laissez-passer permettant de se rendre à la sépulture. L'Allemand lit le papier et sourit, il a l'air déjà mieux disposé. Puis il saute dans sa voiture et s'en va. Pour les jeunes gens, cette première rencontre avec l'ennemi constitue une mise en garde : cette fois-ci ils ont eu de la chance, mais à l'avenir ils doivent être prudents.

29

À la nuit tombée, ils arrivent dans le village de Dabrowa, à dix kilomètres de Nowy Sacz. Ce n'est pas plus qu'un ensemble de petites fermes, un trou endormi d'où l'on peut voir les lumières de Nowy Sacz, une ville de trente mille habitants, en bas dans la vallée. Les habitants dévisagent avec méfiance chaque inconnu qui s'approche. Mais la chance est avec eux. Ils tombent sur un garçon de leur âge dans la rue principale du village à qui ils parlent du prétendu enterrement qui les amène ici et se renseignent sur un hébergement. Le jeune homme, Josef Waszko, emmène les trois amis chez lui. Pendant le dîner, ils répètent avec éloquence la raison qui les a conduits jusqu'ici, mais le père et le fils Waszko rient dans leur barbe : « Nous savons parfaitement où vous voulez aller. » Puis le père Waszko installe pour la nuit les trois *desperados* chez des voisins. La famille Zajac habite dans le village la maison numéro quarante-huit : une petite bicoque de plain-pied, construite à flanc de colline et cachée derrière de grands arbres. Un endroit que les Allemands ne peuvent pas soupçonner être un repaire de partisans.

De plus la famille Zajac est fiable. Les deux fils aînés, Bronislaw et Mieczyslaw, ont été envoyés par les occupants au travail obligatoire dans le « Reich », le benjamin, Jan, a tout juste dix ans et il est caché chez des cousins. Seuls le père, Jan Zajac, Stefania, la mère, et le nourrisson, Josef, sont restés. Pour rien au monde ils ne livreraient aux nazis les trois jeunes gens de Michalowice. Ils cachent les trois « touristes » sans perdre du temps à les questionner sur les véritables raisons de leur présence.

* * *

Josef et son ami Ignacy Respekta se joignent alors au petit groupe. Ils passent des heures avec leurs nouveaux

30

camarades dans la maison des Zajac et élaborent des plans pour fuir le pays. Josef promet d'aller se renseigner à la gare de Nowy Sacz sur leurs chances de franchir la frontière. Quelle est la fréquence des trains en direction de la frontière ? Est-ce que la gare est surveillée par les militaires ou la Gestapo ?

Lorsque quelques jours plus tard, il se faufile sur le quai pour se rendre compte de la situation, un homme s'approche tout à coup de lui. « Je m'appelle Dobrowolski, je suis lieutenant de l'armée polonaise », dit-il en se présentant poliment et en questionnant Josef sur la destination de son voyage. Il semble que l'on puisse faire confiance à cet homme en civil. Il a environ quarante-cinq ans, un aspect soigné : des cheveux blonds en brosse, un corps musclé et deux incisives en or. De plus, il n'est pas rare de tomber sur un ancien soldat de l'armée polonaise dans ce coin. Autrefois, il y avait ici, non loin des frontières hongroise et slovaque, de nombreux militaires. Il offre une cigarette à Josef qui assure ne pas avoir l'intention de partir en voyage. Puis ils s'assoient côte à côte sur l'un des bancs de bois.

« Si tu veux passer la frontière, je peux t'aider », dit calmement Dobrowolski.

À ce moment précis, le sort des conjurés se décide. Josef sait qu'ils sont perdus si Dobrowolski est un espion à la solde des nazis. Mais s'il est réellement un lieutenant de l'armée polonaise, il peut certainement les conduire à l'étranger en franchissant les montagnes.

Josef accepte la proposition.

Le lendemain soir, Dobrowolski se trouve chez les Zajac. Il a apporté une bouteille de schnaps, une saucisse et du lard. Il veut connaître les projets du groupe et les personnes qui le composent. Puis il leur demande, en passant, s'ils ont des armes. Jerzy Bielecki est « comme électrisé». Le soir même après le départ de cet homme étrange, il s'en prend à Josef. Il faut être fou pour se fier à lui. Personne ne le connaît et la région fourmille d'espions à la solde de la Gestapo. Mais les jours suivants, tout se passe bien. Jurek, rassuré, se rend à Sanok, une petite ville située un peu plus à l'est, pour y rencontrer son vieil ami Tadek Dambrowski. Il espère obtenir de lui des informations sur la situation à la frontière. De plus, il a toute confiance en Dambrowski. Il est au courant de leurs projets. Il veut lui aussi rejoindre plus tard l'armée en fuite de Sikorski. Mais Tadek ne peut donner de bonnes nouvelles à son ami. Partout dans la région patrouillent des Ukrainiens qui collaborent avec les nazis et reçoivent des primes pour chaque « touriste » capturé. La situation est extrêmement tendue, et il déconseille vivement d'essayer de gagner le sud en passant par ici. Désappointé, Jerzy prend le chemin du retour.

* * *

Comme la vieille cité marchande de Nowy Sacz est devenue, du fait de sa situation géographique et de la proximité de la Slovaquie et de la Hongrie, le lieu de transit de nombreux opposants polonais au régime nazi, les Allemands y ont établi un réseau de mouchards particulièrement serré. Jerzy Bielecki et ses comparses s'en doutent. Mais ils ignorent à quel point ils sont en danger. Le goût de l'aventure et l'amour de la patrie les poussent à l'action. De plus, ils ignorent encore les uns et les autres avec quelle rapidité on peut trouver la mort quand on tombe entre les mains de l'occupant.

Les formations spéciales de Heydrich ne peuvent pas toujours s'appuyer sur une coopération illimitée avec la Wehrmacht. Préoccupé par de petites dissensions avec l'armée et tout aussi aveuglé par son propre caractère impitoyable, le chef de l'Office central du service de sécurité du Reich constate que, «sur les questions fondamentales comme la mise hors d'état de nuire de l'ennemi, les différents membres du haut-commandement en chef de l'armée ont dans bien des cas des conceptions totalement différentes». La cause en est certainement que «les instructions données aux formations spéciales SS sont extraordinairement radicales».

Et effectivement, il arrive fréquemment ces jours-là que la «police secrète au front» enquête sur des soldats allemands. À cause de pillages ou de viols, mais aussi à cause d'agressions et d'actes de violence antisémites à l'encontre de prisonniers polonais. Ainsi, dans la localité de Busko-Zdroj, «le tirailleur Franz Rothe, le tirailleur blindé libéré de ses obligations militaires Siegfried Baudisch et le tirailleur Andreas Kerner, lui aussi libéré de ses obligations militaires, ont été mis aux arrêts». Ces hommes avaient «violemment battu» un commerçant juif, lui avaient «coupé la moitié de la barbe», l'avaient forcé à se mettre nu et «l'avaient ensuite traîné dans la rue et contraint à faire des pompes dans une flaque d'eau». Dans une note secrète du commando des troupes Sud, il est écrit que l'on sait «que la plupart des prisonniers sont battus de façon inhumaine», ce qui est «inconciliable avec l'honneur de l'armée allemande et de l'individu».

Mais Hans Frank, l'autoritaire et vaniteux gouverneur général de la Pologne occupée dont la résidence fastueuse se trouve désormais dans l'ancienne ville royale de Cracovie, n'a pas le moindre doute sur la façon dont les nazis ont l'intention de s'y prendre avec leurs ennemis réels ou imaginaires. Dans un discours prononcé devant des policiers, il affirme qu'il est temps «d'en terminer rapidement avec les innombrables résistants politiques excités, ainsi qu'avec les autres individus politiquement peu sûrs, et de liquider en même temps l'héritage de la criminalité de l'ancienne Pologne. J'avoue tout à fait ouvertement que cela va coûter la vie à quelques milliers de Polonais, essentiellement à ceux qui appartiennent à la classe dirigeante intellectuelle. Mais pour nous tous, nationaux-socialistes, les temps nouveaux nous imposent de veiller à ce que le peuple polonais ne fomente plus aucune résistance».

Le 24 avril 1940, Jerzy Bielecki envoie par l'intermédiaire d'un contact une première lettre à ses parents à Michalowice. Il s'agit d'un message codé qui donne quelques informations sur la situation. Il appelle «oncle» la Hongrie, terre de tous leurs espoirs, et «tonnerre» le danger que fait peser sur eux la présence des espions à la solde des nazis.

Très chers parents,

Je voudrais encore m'excuser pour la surprise que je vous ai causée.

Ne vous faites pas de soucis. Je surmonterai les grandes difficultés, et je vais assez bien. Nous sommes déjà allés à Sanok, mais après avoir rendu visite à nos amis, nous sommes revenus ici.

J'espère que nous ne tarderons plus à voir notre oncle bien-aimé.

Il y a longtemps que nous serions chez lui, si l'orage, se transformant par la suite en une pluie diluvienne, n'avait pas gêné nos projets.

Pendant que je vous écris, j'entends le tonnerre dans le lointain.

Portez-vous bien, je vous embrasse tous.

Votre Jurek

Et à ses frères :

Chers Krysztof et Leszek,
Je ne sais pas si vous vous languissez de moi.
Si c'est le cas, ne vous en faites pas, je vais bientôt re-
venir à la maison en pleine santé.
Saluez pour moi les amis et collègues,
Je vous embrasse affectueusement.

Jurek

* * *

Malgré les décevantes nouvelles de Sanok, le 7 mai 1940, Jurek et ses amis sont de bonne humeur. Le lendemain, c'est la fête de Staszek, et les jeunes gens se promettent de l'arroser et de s'amuser comme il se doit. Ainsi Jerzy Bielecki dévale avec insouciance le chemin escarpé qui conduit au village, entre 20 et 21 heures, pour acheter dans une petite baraque, faisant office de bistrot et de boutique, une bouteille de Porto et des cigarettes. Les cigarettes sont le cadeau destiné à Staszek – un cadeau précieux pendant la guerre. La bouteille, ils la videront ensemble. Pendant un instant, Jerzy reste indécis devant la petite épicerie dans laquelle quelques paysans sont assis et bavardent. Étranger au village, il craint d'éveiller la méfiance. Mais comme les villageois ne font pas mine de vouloir quitter les lieux, il finit par y entrer. « De toute façon, les paysans sont au courant », se dit-il pour se rassurer. Il ne voudrait pas faire attendre les autres trop longtemps pour faire la fête. Il achète donc ce dont il a besoin et se dépêche de remonter vers la maison par le sentier bordé d'épaisses haies d'églantines.

À peine a-t-il atteint leur refuge – difficile à distinguer dans l'obscurité –, qu'une main puissante s'abat sur son épaule :

« Halte ! Haut les mains ! » lui intime quelqu'un qui l'attrape par l'avant-bras. La lumière vive et frontale d'un projecteur l'aveugle un instant. Puis il entend des pas lourds. Ils sont nombreux, et on dirait qu'ils sortent du néant. Un homme lui arrache la bouteille des mains, un géant qui s'est approché rapidement le tâte à la recherche d'armes et ne prend que le couteau de poche, le porte-monnaie et les cigarettes. Quatre à cinq hommes entourent maintenant Jerzy Bielecki et se concertent en allemand, sans que Jerzy puisse comprendre ce qu'ils disent. Lorsque ses yeux se sont habitués à la lumière agressive, il reconnaît les uniformes hitlériens et comprend qu'on vient de l'arrêter. Il ne peut avoir qu'une rapide pensée pour l'échec de leur évasion, l'ordre retentit déjà : « Emmenez-le. » On le pousse violemment vers l'avant, puis Jurek tombe sur le sol caillouteux. Quelqu'un l'attrape par la main, le pousse vers le haut et le traîne dans la maison de la famille Zajac.

À l'intérieur, il comprend rapidement la situation. Dans la salle de ferme, Staszek et Edek sont debout le visage contre le mur. Sur le banc, l'étrange civil appartenant à l'armée polonaise est assis, à côté de lui, menaçant un homme de la Gestapo, pistolet au poing. Les fenêtres sont fermées. Stefania Zajac sanglote, son mari, tremblant, la tête baissée à ses côtés.

Ce soir-là dans le village de Dabrowa cinq jeunes gens sont arrêtés :

Edmund Bubka, « Edek », dix-sept ans.

Jerzy Bielecki, « Jurek », dix-neuf ans.

Ignacy Respekta, dix-neuf ans.

Josef Waszko, vingt ans.

Stanislaw Stachura, « Staszek », vingt-deux ans.

4

À peine trois cents mètres séparent le pittoresque hôtel de ville, *Jugendstil*, sur la place du marché de Nowy Sacz, de la prison de la Gestapo, un bâtiment de deux cents mètres de long à l'aspect terrifiant derrière ses murs rehaussés de barbelés. Il fait nuit noire lorsque le camion militaire arrive ; les jeunes gens reçoivent des coups, les ordres fusent dans la nuit : « Allez, ouste, dehors! » puis Jerzy Bielecki est jeté dans une cellule du rez-de-chaussée, et les autres disparaissent à leur tour derrière des portes de fer.

Les yeux du lycéen de Cracovie s'habituent lentement à l'obscurité. Vingt-deux hommes se trouvent dans la pièce aux murs nus, d'environ quarante mètres carrés. La plupart dorment. D'autres, éveillés, sont allongés, mais personne ne parle. Un seul d'entre eux dirige son regard vers le nouvel arrivant, c'est le professeur Swietoslawski, le frère du dernier ministre de l'Éducation. « Ne t'en fais pas, petit », lui dit-il pour le rassurer, mais sans trop savoir quoi lui dire d'autre, il lui indique une place libre sur l'une des paillasses superposées.

Dans la nuit d'encre Jerzy Bielecki arrive à peine à fermer l'œil. Au lieu de combattre avec les troupes du général Sikorski pour libérer sa patrie, le voilà maintenant livré aux Allemands hitlériens qu'il honnit. L'air vicié s'abat lourdement sur la pièce surpeuplée.

Au petit jour, les prisonniers sont réveillés par le grondement des moteurs diesel. Des camions de l'armée franchissent la porte de la prison et pénètrent dans la cour intérieure. Puis, on devine que l'on charge des pelles, et ensuite des hommes. Quelques minutes plus tard, les véhicules disparaissent. Lorsque plusieurs heures après ils sont de retour, on entend que seules les pelles sont déchargées. Puis, c'est le silence. Dans la cellule au rez-de-chaussée, personne ne dit mot. Ils savent tous qu'ils ne reverront jamais leurs camarades.

Les jours suivants, l'incertitude devient une véritable torture. On vient constamment chercher des prisonniers pour des interrogatoires. Et ceux qui reviennent dans leur cellule donnent une idée de l'horreur qu'ils ont vécue. La chemise imprégnée de sang, le dos brisé par les coups, ils rampent jusqu'à leur paillasse. Jusqu'ici, Jurek n'a pas encore été appelé.

Ce n'est qu'au bout de cinq ou sept jours qu'un homme en civil entre un matin dans la cellule et appelle un certain Jerzy Bielecki. «Tu viens maintenant à la Gestapo avec moi, dit l'homme sur un ton arrogant dans un polonais parfait dont l'accent dur trahit le Silésien, et tiens-toi à carreau, j'ai un pistolet à dix coups.» D'un air menaçant il ouvre sa veste et dégage la crosse de son arme.

Puis il escorte sa victime à travers quelques ruelles jusqu'au quartier général de la Gestapo. Jurek atterrit dans une cellule sombre, sans fenêtre et si étroite qu'il peut à peine bouger. Il est en sueur lorsqu'on l'en extrait au bout d'une vingtaine de minutes, la lumière du jour lui brûle les yeux.

«Allez, approche», lui ordonne un Allemand soigné dans un uniforme tiré à quatre épingles. Il joue voluptueusement avec sa cigarette et s'étire derrière son bureau. «Qui t'a envoyé en Hongrie?» lui demande-t-il. À côté de l'homme de la Gestapo, le Silésien servile répète la question en polonais. «Personne ne m'a envoyé, répond Jurek ainsi qu'ils en ont convenu avec ses camarades. Nous cherchons du travail.»

Lorsque la réponse lui a été traduite, le nazi se lève en silence, et donne à Jurek un coup de poing en plein visage, le sang jaillit de son nez et coule sur sa bouche. L'Allemand se rassoit et lui repose la même question, cette fois plus fort : «Qui t'a envoyé en Hongrie?»

Bielecki s'en tient à sa réponse : «Personne, nous cherchons seulement du travail ici, dans les environs, à la carrière. Nos familles n'ont pas suffisamment à manger, et là d'où nous venons, il n'y a pas de travail.

– Hans, va chercher la matraque, ordonne l'homme de la Gestapo au Silésien, et se tournant à nouveau vers Jurek : Je te le demande pour la dernière fois.»

Mais il ne reçoit aucune réponse du garçon épuisé qui est assis en face de lui. Alors l'homme se lève lourdement de sa chaise et frappe. Frappe sans s'arrêter. D'abord sur le dos, puis sur la tête, puis encore sur le dos. Au moins dix coups. Puis il hurle : «Salaud, mets-toi contre le mur!» Bielecki obéit. «Devant ce mur, il y en a déjà pas mal qui y ont laissé leur vie!» L'Allemand prend son pistolet et le met sur la tempe de sa victime. «Je compte jusqu'à trois, puis ce sera fini pour toi.» Il compte très lentement. Il s'écoule certainement dix secondes entre un et deux. «Voilà ta toute dernière chance.» En disant trois, il frappe Jurek à la tempe de toutes ses forces avec la crosse de son arme. Ce dernier pense d'abord que l'homme a réellement tiré, puis il sent la douleur, pris de vertige, il s'écrie : «Monsieur l'officier, je vous ai dit la vérité, je suis trop jeune pour mourir.»

Sans commentaire, l'homme de la Gestapo remet son pistolet dans son étui, retourne à sa table et tape quelque chose à la machine. Quelques minutes plus tard, il tend à celui qu'il vient de torturer une feuille de papier et un stylo. Jurek signe sans avoir lu. L'interrogatoire est terminé.

« Mon vieux, tu as eu de la chance d'avoir affaire à un homme aussi bon », lui dit Hans le Silésien lorsqu'ils sont dehors.

Jurek peut à peine marcher, son dos le brûle, les coups le lui ont mis à vif, sa chemise colle à sa peau.

Dans la prison à côté de l'hôtel de ville, la cellule est vide. Tous les prisonniers sont dans la cour. Lorsque Jurek regarde par la fenêtre, il voit pour la première fois depuis des jours ses camarades Staszek et Josef. Ils font des tours de cour avec les autres.

* * *

En mai 1940, la Police de sûreté nationale de Heydrich fait à Sanok la chasse aux opposants. Souvent, il suffit d'être un homme jeune et cultivé pour être arrêté par les nazis. Un matin, ils attrapent également Tadeusz Srogi qui a eu la légèreté de mettre le nez dehors. Le jeune homme âgé de dix-neuf ans atterrit avec d'autres au commissariat de police de la petite ville. Son crime : il vient juste de passer le baccalauréat et a le projet d'étudier les mathématiques et la physique à l'université. Il représente un danger pour l'État, lui explique un Allemand pendant son interrogatoire. C'est pour cela qu'il doit être mis hors d'état de nuire.

Au même moment le gouverneur général Hans Frank, qui tient sa cour dans l'ancienne résidence royale polonaise de Wawel, informe ses gens avec fierté que « le Führer lui a donné la consigne au cours d'un entretien de sacrifier ces jours-ci quelques milliers de Polonais : ceux dont nous savons qu'ils ont appartenu à la classe dirigeante de la Pologne doivent être liquidés, la génération suivante doit être mise à l'ombre et exterminée en temps opportun». Peu de jours après, un camion s'arrête devant la prison de Sanok et charge le bachelier Tadeusz ainsi que quelques autres détenus pour les emmener dans une prison plus grande dans la ville de Tarnow.

* * *

Tandis que, le 10 mai 1940, la Wehrmacht poursuit la guerre en créant un front à l'Ouest et en envahissant la France, le Luxembourg, la Belgique et les Pays-Bas, la caserne d'artillerie d'Oswiecim, en haute Silésie, composée de vingt baraques en brique rouge, se transforme en camp de concentration : Auschwitz. Dix mille détenus, annonce Himmler, doivent y être internés incessamment. Plus tard, ce nombre pourrait augmenter jusqu'à cinquante mille et même davantage.

C'est encore en mai 1940 que le Scharführer SS Gerhard Palitzsch, venant du camp de concentration de Sachsenhausen, arrive en compagnie de trente hommes; ce sont des Allemands condamnés pour des délits et considérés selon la terminologie nazie comme des «criminels professionnels». Dans le camp, Palitzsch a le statut de Rapportführer, et on attribue aux prisonniers de droit commun des fonctions dans ce que l'on appelle «l'administration des détenus». Peu après, la plupart d'entre eux devenus des *kapos* maltraiteront les détenus sous leurs ordres, et se feront les complices des gardes SS. C'est le doyen du camp, Bruno Brodniewitsch, qui reçoit le numéro 1, ainsi que se le rappelle des années après Wieslaw Kielar : «C'était, dit-il, un homme à la large carrure, aux cheveux bruns, au visage de pirate, connu pour sa brutalité.»

Mais auparavant il faut transformer ce lieu pourri en un camp, comme il n'en existe encore aucun de cette taille, ni à l'intérieur du Reich, ni dans les territoires occupés. Pour cette raison, le maire d'Oswiecim, Grünweller, exige de la communauté juive locale de mettre à la disposition du camp trois cents Juifs pour servir « au front ». Sous les matraques des gardiens, ils préparent le camp de concentration pour les premiers détenus. Ils doivent tout exécuter au pas de course. Celui qui trébuche est frappé par les SS. Il n'est pas rare qu'une douzaine de Juifs, ou plus, contraints à ce travail soient portés chez eux le soir par des compagnons d'infortune plus vaillants, car ils sont épuisés ou ne peuvent plus marcher.

Jerzy Bielecki passe trois semaines en prison à Nowy Sacz. Puis il est lui aussi transféré à Tarnow. Le temps des interrogatoires sanglants est au moins terminé. Ceux qui sont emprisonnés dans les pompeux bâtiments de la prison datant d'avant la guerre ont tous « avoué ». Ils ont été transférés ici, en provenance des différentes prisons des alentours : de Sanok, de la prison Montelupich à Cracovie, du château Rzeszow, du Palace à Zakopane ou bien encore des maisons d'arrêt de Jaroslaw, Przemysl et Nowy Sacz. Les intellectuels sont nombreux, et un grand nombre d'entre eux, comme Jerzy Bielecki, ont été arrêtés par les Allemands alors qu'ils cherchaient à traverser l'ouest des Carpates pour gagner la Hongrie. Bien des destins se ressemblent; les raisons de l'emprisonnement aussi. Les nazis reprochent au jeune Fryderyk Czop d'avoir colporté les « horribles nouvelles » de la BBC et l'incarcèrent. D'autres auraient projeté un sabotage, fait de la propagande anti-allemande, ou bien auraient eu l'intention de prendre les armes pour combattre l'occupant, la grande Allemagne.

Mais même si on laisse maintenant les prisonniers en paix, les conditions de vie à Tarnow sont pitoyables.

L'hygiène est déplorable, les détenus végètent dans leurs cellules, torturés par l'ignorance du sort qui les attend et la faim, sans possibilité d'écrire à leurs parents et leurs amis. Les fenêtres sont masquées par des caisses en bois. Des volontaires ukrainiens montent la garde devant le bâtiment et tirent sur ceux qui se risquent à jeter un regard dans la rue.

Tadeusz Srogi, qui se fait appeler «Filip», partage une cellule exiguë au troisième étage avec trois autres prisonniers. Par provocation, les catholiques chantent des cantiques. Parfois, ils réussissent à communiquer avec les détenus de la cellule voisine en frappant contre la cloison. Un peu plus tard, ils arrivent même à échanger des informations écrites. La nuit, des bouts de papiers sur lesquels ils ont écrit – ils les nomment des «chevaux» – serpentent au bout de minces cordelettes le long des murs jusqu'à d'autres cellules. C'est par cette voie que l'univers carcéral se tient au courant des événements du monde extérieur. Mais les nouvelles sont décourageantes : la Belgique, la Hollande, le Danemark sont occupés. Au nord de la Norvège un petit groupe de troupes alliées essaie désespérément de défendre le port de Narvik qui n'est plus bloqué par la glace. À l'ouest, la Wehrmacht fonce sur Paris à une allure surprenante. Et en Pologne, les formations spéciales SS font rage sans relâche. Les nazis se croient les maîtres du monde et agissent en conséquence. «Ma relation à la Pologne est quelque chose comme la relation à la fourmi et au puceron. Quand je traite le Polonais utilement, quand je le chatouille gentiment, je le fais dans l'espoir que son efficacité au travail me soit profitable.» Ce sont les paroles de Hans Frank, le gouverneur général, lors d'une réunion du gouvernement, tandis que son épouse Brigitte, telle une reine, voyage avec chauffeur et serviteurs dans les ghettos juifs récemment créés des territoires occupés, pour acheter des fourrures à bas prix ; étant donné les circonstances, on ne sait pas très bien ce que le Statthalter de Hitler, Frank, entend par « traiter les Polonais de façon utile ».

Ces jours-là, tout semble vain.

Qu'est-ce qui attend désormais les prisonniers de Tarnow ? Quelques-uns d'entre eux espèrent être libérés, car quelles accusations les nazis pourraient-ils bien retenir contre eux ? Pour la plupart on n'a pu établir aucun délit ; Jerzy Bielecki n'a pas soufflé mot de son intention de rejoindre la résistance polonaise. Mais d'autres sont plus pessimistes : ils pensent qu'on va les envoyer au travail obligatoire dans le Reich.

* * *

Alors que les prisonniers de Tarnow continuent à espérer qu'on va désormais mieux les traiter, les plans d'un four crématoire fonctionnant au coke sont mis au point à Erfurt, dans l'usine J.A. Topf & Fils, une entreprise spécialisée dans les techniques et la construction de fourneaux, fours et chaufferies. Le modèle commandé porte le numéro D-57253. Le donneur d'ordre – l'Office central d'intendance et de construction de la SS – a exigé que deux foyers permettent l'élimination rapide des cadavres. L'endroit prévu pour l'installation du crématoire à double foyer est le camp de concentration en pleine construction : Auschwitz.

5

Le soir du 13 juin 1940, les détenus de Tarnow sont rassemblés sous une avalanche de coups et de hurlements. Le temps de l'attente semble terminé. Tous quittent leurs cellules et se réunissent devant le portail. Ils sont ensuite escortés par les policiers allemands jusqu'aux bains-douches municipaux, désinfectés et on leur distribue des vivres : la plupart des prisonniers sont jeunes, ils ont entre dix-sept et vingt-deux ans, ce sont des lycéens ou des étudiants. Parmi les plus âgés se trouvent quelques soldats polonais, des ouvriers, des juristes et des prêtres. Certains d'entre eux sont juifs. Ils doivent passer la nuit suivante dans l'établissement de bains municipaux. Quelques-uns veulent encore espérer que la désinfection et la distribution de vivres est un bon signe et qu'on va leur rendre la liberté. Certaines familles ont été informées par des gardiens bienveillants d'une mise en liberté imminente et elles se sont mises en route pour Tarnow.

La journée commence, très prometteuse. «Nous n'avons jamais eu à Tarnow un petit déjeuner aussi copieux», remarque Tadeusz Srogi. Cependant dès 5 heures du matin des ordres résonnent dans le bâtiment. Peu après, devant l'établissement municipal, sept cent vingt-huit détenus sont en rang, par groupes de cent, attendant leur transfert.

Les rues sont désertes. Ceux qui ont essayé de prendre contact avec les prisonniers ont été repoussés par les Allemands dans les entrées des immeubles ou dans

45

Le camp d'Auschwitz (1943-1944)

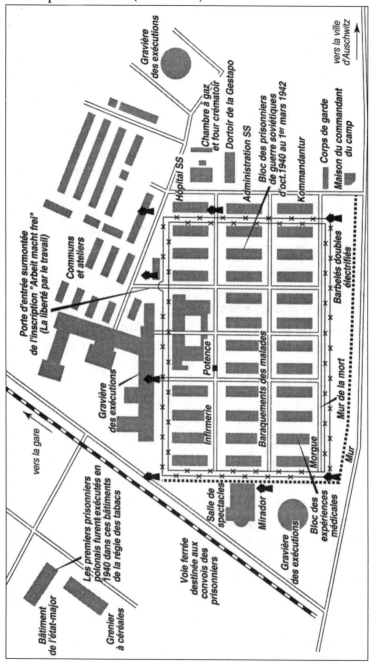

les cours. Maintenant on ne voit plus que la colonne d'hommes apeurés et leurs tortionnaires en uniformes. Puis, la file s'ébranle. Seuls les Allemands lourdement armés hurlent quelques ordres.

Jerzy Bielecki a l'impression d'avancer vers le « royaume des morts », tellement Tarnow semble déserte et déprimante, « comme si la ville avait été écrasée par la terreur ». Çà et là, on aperçoit un visage derrière un rideau. Les sbires SS tirent alors dans les fenêtres. Un bouquet de fleurs rouges tombe dans la rue et il est piétiné avec le plus grand mépris par les bottes des gendarmes. Par moment, Bielecki perçoit le bruit des pleurs. Pleurs de ceux qui prennent congé des êtres chers en route vers la gare.

« On vous envoie au travail obligatoire dans le Reich », explique un gardien au jeune Fryderyk Czop. « Donc en Allemagne », la nouvelle se répand dans les rangs. « Est-ce qu'il aurait pu nous arriver quelque chose de pire ? » Ces hommes, pour la plupart emprisonnés et battus depuis des mois, se soumettent à leur destin. Ils sont de toute façon livrés aux Allemands. Après des semaines de tortures, l'esprit de résistance disparaît peu à peu. « Et peut-être serons-nous mieux traités en Allemagne qu'ici, en Pologne. »

Jerzy Bielecki croit qu'il va être envoyé en Silésie dans un commando de travail obligatoire.

À la gare des wagons de voyageurs les attendent. Les détenus s'entassent dans les compartiments, parfois douze à quinze dans un espace exigu ; les couloirs sont le domaine des hommes armés. Vers 9 heures, le train part enfin en direction de Cracovie. « Personne ne se lève pendant le voyage. Celui qui essaie de fuir ou cause du désordre sera fusillé », annoncent les gardiens d'un ton menaçant. Puis le train roule vers l'ouest et longe les champs de blé encore en herbe, les villages et les bourgades. Les paysans dans leurs champs qui ne se doutent de rien agitent joyeusement la main en voyant passer le convoi.

Premier arrêt : Cracovie. La gare a un aspect bizarre, elle est entièrement décorée de drapeaux à croix gammée, et les détenus aperçoivent des SS et des soldats de la Wehrmacht qui, ivres de joie, font un baroud d'honneur. «Paris est tombée, hurlent-ils. Paris capitule.» Les haut-parleurs n'annoncent pas les correspondances, ils diffusent des marches militaires allemandes, et retransmettent à plein tube la voix d'un «Führer» complètement exalté. Les sept cent vingt-huit détenus dans leurs wagons regardent cette mise en scène avec effroi. Ils n'ont toujours pas la moindre idée de ce qui les attend, et dehors les fascistes fêtent leur victoire.

Puis, le train se remet en route.

Lorsque dans la localité de Trzebinia il est aiguillé vers la gauche, en direction de Chrzanow, l'angoisse monte lentement dans les compartiments. Le train a changé de direction. Il ne se dirige plus vers l'endroit attendu. Est-il possible que les malheureux ne soient pas acheminés vers l'Allemagne pour y travailler? Les wagons s'arrêtent peu après Chrzanow. Jerzy Bielecki jette un œil à travers les vitres passées à la chaux. On aperçoit un panneau. Il y est inscrit dans les deux langues : «Auschwitz-Oswiecim.» Personne n'a idée de ce que cela signifie. Pour Bielecki, c'est le nom d'un bourg, un nom comme un autre.

Le train reste pendant un quart d'heure en gare d'Oswiecim. Puis il repart en marche arrière, pendant peut-être trois ou quatre kilomètres avant de s'immobiliser.

Un triste spectacle s'offre aux prisonniers : «D'un côté du quai, de longues remises en bois calciné ou des entrepôts aux toits en carton, des mauvaises herbes, des chardons, des buissons, de l'autre des bâtiments dévastés, vides, assez hauts aux vitres brisées.» Dans ces bâtiments la régie polonaise des tabacs conservait avant la guerre les cigarettes. Maintenant cet ensemble sinistre s'est transformé en un camp de prisonniers à l'aspect bizarre. Une bâtisse est entourée de barbelés. Aux quatre coins il y a des guérites pour les sentinelles et le long des quais, des SS avec des fusils mitrailleurs.

Ceux qui sont encore dans le train et observent le triste spectacle croient apercevoir des marins allemands. Sur le chemin qui conduit jusqu'au terrain entouré de barbelés : trente hommes en pantalons rayés bleu et blanc avec des vestes et des casquettes bleues. Cet accoutrement bizarre des grands gars sinistres rappelle à Wieslaw Kielar «des pyjamas rayés». Dans les mains ils tiennent de lourdes matraques.

Quarante détenus polonais observent également le train; ils ont été employés à la construction de la clôture du camp et doivent maintenant retourner à Dachau. Quelque peu envieux, ils regardent leurs concitoyens qui ne doivent pas être déportés à l'intérieur du Reich et dont ils auraient pu, pensent-ils, obtenir de l'aide à Auschwitz. Il n'y a aucune raison de regretter de partir, leur explique le Scharführer SS Beck à mots couverts; ce camp sera l'enfer sur terre.

Jurek tombe du wagon. Dans l'exiguïté du compartiment, ses jambes se sont endormies pendant les longues heures du voyage. Maintenant il n'a plus la force de se tenir debout. Il tombe à genoux. Les détenus essaient péniblement de se mettre en rang. Tout autour d'eux des SS en uniforme, coiffés de la casquette à tête de mort, se pavanent. Parmi eux, «les matelots» dont les prisonniers ne tarderont pas à faire connaissance : ce sont les droit commun de Sachsenhausen que l'on appelle dans l'univers des camps les *kapos*. Un gardien compte cent cinquante hommes dans le wagon de Jurek et l'annonce à la sentinelle. «Allez, entrez au camp!» hurle un SS et voilà qu'on les pousse déjà entre les rangées de *kapos* qui forment une haie. Ils les font avancer au pas de course en rangs serrés. Mieux vaut rentrer la tête dans les épaules, mais malgré cela, les coups pleuvent sans arrêt. Il y a de la bousculade sur le chemin. Bielecki tombe, essaie de se relever. Les Allemands foncent sur lui à bras raccourcis. Il tombe une seconde fois, face contre terre. La peau de ses mains est écorchée. Il s'est blessé au genou. Il finit par atteindre le portail du camp, il ignore comment.

Ils doivent alors se mettre en rang par cinq pour l'appel. Qui ne se tient pas droit, reçoit des coups. Par la suite, ils sont tous arbitrairement tabassés, les gardiens et les *kapos* se ruent sur eux : ils les frappent au visage et sur la tête, dans le dos et sur les bras. Ils leur donnent des coups de pieds dans le ventre, dans les reins et dans les cuisses. Avec volupté et une lenteur provocante, ils se faufilent dans les rangs, constamment en quête de nouvelles victimes qui, maintenant couvertes de sang, se recroquevillent pour éviter les coups. Puis ils se déchaînent à nouveau. Devant Bielecki se trouve un homme âgé. Du sang coule dans ses cheveux gris et sur son visage.

Au bout d'un moment les Allemands finissent par s'arrêter. «Garde à vous! Découvrez-vous! Tête vers la droite!» afin que le Hauptsturmführer SS Karl Fritzsch puisse faire une brève allocution. «Vous n'êtes pas ici dans un sanatorium. Mais dans un camp de concentration allemand dont la seule issue est la cheminée du four crématoire. Celui à qui cela ne convient pas peut tout de suite se jeter sur la clôture électrique. S'il y a des Juifs dans votre convoi, ils ont le droit de vivre tout au plus deux semaines, les prêtres un mois, les autres trois mois», les informe-t-il.

À ce moment-là, Bielecki comprend : «J'ai atterri en enfer», se dit-il.

Puis on enlève aux prisonniers tous leurs effets personnels, y compris les vivres, et on les pousse vers les caves du bâtiment central pour la douche et la désinfection. Là, ils sont tondus, et doivent se remettre en rang dehors.

Au soleil, assis à sept tables, les *kapos* numérotent leurs victimes, demandent leurs nom et profession et donnent des ordres dans une langue que peu d'entre eux comprennent. Alors, ce sont à nouveau des coups et des hurlements qui rappellent aux détenus les grognements des animaux sauvages. Tous se ruent dans la cour, complètement désorientés, apeurés, incapables de comprendre ce qui leur arrive et ce que l'on attend d'eux. Même ceux à qui la langue allemande est familière ne peuvent saisir un traître mot dans le vacarme ambiant. Bielecki a besoin qu'on l'appelle deux fois. Il ne comprend pas l'accent allemand auquel il n'est pas habitué, alors un SS s'approche d'un air menaçant avec un bâton dans la main droite. Maintenant il se transforme lui aussi en un numéro.

«243», c'est le numéro inscrit sur un petit bout de papier qu'on lui met dans la main. En recevant ce numéro inscrit sur le papier, il perd son nom.

* * *

Vers le soir, on accorde un peu de repos à ceux que l'on a humiliés. Mais un moment après, les brimades reprennent. Le *kapo* n° 1, «Bruno la brute», ordonne à tout le monde de rentrer immédiatement dans le bâtiment pour le repos nocturne. Un ordre qui doit être exécuté sur-le-champ. Les *kapos* se ruent déjà sur ceux qui avancent trop lentement, si bien que les sept cent vingt-huit hommes se précipitent pour passer par la petite porte étroite. Il s'ensuit un brouhaha, une bousculade. Ceux de derrière poussent, les coups pleuvent sur les côtés et sur les têtes. Des hommes tombent les uns sur les autres, se piétinent presque inconscients, trébuchent sur les corps qui gisent au sol. Entre les chambranles de la porte un bouchon se forme « si bien que les os craquent », se souvient Wieslaw Kielar, le détenu n° 290. Ceux qui ont réussi à passer sont précipités à l'intérieur, où se trouve un autre *kapo* qui réceptionne les détenus. Il tient la matraque et les frappe tantôt de la main droite, tantôt de la main gauche. Ensuite, les hommes épuisés tombent sur la paille qui recouvre le dur sol en béton. Puis, Bruno et un SS font la ronde. Ils l'appellent *Pfeifchen**, parce qu'il a l'habitude de ne jamais enlever sa pipe de sa bouche, même quand il parle. Au premier abord, il donne l'impression d'être calme. « Coucher », ordonne-t-il doucereusement à ceux qui le fixent à demi au garde-à-vous. Tous se précipitent sur le sol. Puis sur un ton plus énergique : « Debout. » Ils bondissent tous sur leurs pieds comme des animaux dressés, se remémore Tadeusz Niedzielski (n° 423). Maintenant il hurle : « Coucher », puis « debout, coucher, debout, coucher, debout ». Jerzy Bielecki essaie de reprendre son souffle. La paille sur le sol vole dans toute la pièce, elle pénètre dans le nez et la bouche. Dans le bâtiment à l'atmosphère irrespirable, on ne peut même pas distinguer son voisin, et pourtant les ordres continuent à pleuvoir sans fin. « Debout, coucher, debout. » Au bout d'un moment, le *kapo* et le SS s'en vont. Une vague de soulagement parcourt les hommes. Quelqu'un essaie d'ouvrir une fenêtre. Une salve de coups de feu claque contre le mur. « Fermez la fenêtre ! » hurle un gardien. Finalement, le calme revient.

* Petite pipe. *(N.D.T.)*

52

Le lendemain matin, les tortures continuent. C'est maintenant le temps de la «quarantaine» qui commence. Les Allemands n'octroient pas une minute de liberté à leurs détenus. Et il est difficile de surpasser la richesse de leur imagination macabre. Tantôt les détenus doivent ramper dans la poussière, tantôt sautiller, tantôt s'exercer «au pas de l'ours» qui les oblige à tenir leurs chevilles en marchant.

Un Juif est placé sur un tonneau et doit prier à voix haute pendant que SS et *kapos* se tordent de rire. Puis c'est le tour d'un prêtre polonais. Puis tous font des génuflexions. Et peu après ils chantent.

Dans la forêt, dans la verte forêt,
Il y a une maison forestière,
La jeune fille du forestier
Regarde chaque matin,
Si fraîche et insouciante,
Ta-ra-la-la, ta-ra-la-la,
La jeune fille du forestier.

Lore, Lore, Lore, Lore,
Belles sont les filles,
De dix-sept, dix-huit ans.
Lore, Lore, Lore, Lore,
Des belles filles il y en a partout;
Et le printemps arrive dans la vallée,
Bien le bonjour à Lore,
Adieu, adieu, adieu.

Jerzy Bielecki qui a appris l'allemand au lycée arrive péniblement à comprendre les ordres. Mais pour la plupart des autres, chanter en allemand est au-dessus de leurs capacités. Les SS patrouillent sournoisement dans les rangs, amusés par l'aspect pitoyable des détenus et frappent ceux qui se trompent. «Si ça continue comme ça, on ne va pas survivre longtemps ici», se dit Jurek et il chante.

Le forestier et la fille,
Ce sont de bons tireurs,
Le forestier a tué un faon,
La fille a frappé un petit gars,
En plein cœur,
Ta-ra-la-la, ta-ra-la-la,
En plein cœur.

Tantôt la triste masse humaine doit danser devant les nazis, tantôt se rouler dans la boue. Les nazis appellent ce programme «faire du sport». Puis pour changer, ils doivent tous grimper aux arbres en suivant les ordres des Allemands, ils sont à nouveau frappés par les *kapos* infatigables et poursuivis par les chiens. Désespérés, ils se battent pour avoir une place sur une branche, ils se piétinent sur le sol par peur des tortionnaires qui ne les quittent pas des yeux, ils griffent et donnent des coups de poing autour d'eux. Puis, comme si cela ne suffisait pas, ils sont forcés de tondre l'herbe roussie sur le terrain d'exercices, comme des vaches au pâturage, avec leurs dents. Les *kapos* se tordent de rire. «Le chef de l'entraînement» de ces jeux sadiques est le Oberscharführer SS Ludwig Plagge, Pfeifchen. Satisfait de ses bonnes idées, il se tient à l'ombre d'un arbre, et comblé, sifflote des arias. Ses bottes fauves étincelantes battent la mesure pour accompagner la mélodie.

6

À Lomza comme un peu partout en Pologne orientale, la population juive a vu dans l'avancée de l'Armée rouge l'arrivée des libérateurs. Elle semble leur apporter une protection contre les agressions antisémites ; en outre, la proportion des sympathisants communistes est plus élevée parmi les Juifs que dans les autres groupes de la population. Et enfin, ils ont fait l'expérience dans leur propre chair de ce que les nazis font aux Juifs. Là où l'occasion a été donnée aux Allemands de se déchaîner avant de se retirer dans les territoires polonais qui leur ont été concédés, selon les accords conclus avec Staline, des pogroms contre les Juifs ont toujours eu lieu, souvent avec la complicité de la population locale – polonaise, biélorusse ou ukrainienne. Les soldats soviétiques qui déclarent libérer « la Biélorussie et l'Ukraine occidentales de l'occupation fasciste polonaise » sont donc accueillis dans les rues le plus souvent avec des fleurs, et aussi, conformément aux règles de l'hospitalité, avec du pain et du sel.

Mais les hommes à l'étoile rouge provoquent progressivement un malaise. Les troupes qui avancent dans les territoires de l'Ukraine et de la Biélorussie occidentales offrent une image de désolation. « Des uniformes usés, des manteaux sales, des mains et des visages d'hommes qui se lavent dans des flaques d'eau », voilà comment les voit un jeune Polonais de dix ans, « des hommes qui roulent leurs cigarettes dans des bouts de papier », qui pour certains avancent sur le sol polonais pieds nus, pour d'autres les pieds enveloppés dans des chiffons. Dans les territoires qui ont été au préalable occupés par les Allemands, le contraste entre la Wehrmacht bien organisée et bien équipée et l'impression chaotique donnée par l'Armée rouge est particulièrement frappant.

« Nous les attendions pour les questionner sur leurs impressions du capitalisme et nous informer sur la vie en Russie, avoue avec étonnement la jeune Juive communiste Celina Koninska, mais la seule chose qui les intéressait c'était d'acheter une montre. » Cependant, ce n'est pas seulement l'aspect souvent pitoyable des « défenseurs de la liberté » qui est source de malaise. Précisément dans les provinces ukrainiennes, la présence des nouveaux occupants venus de l'Est est interprétée comme un signe : l'heure de la vengeance a sonné, le moment est venu de régler ses comptes avec les Polonais honnis qui n'ont obtenu cet élargissement de leur territoire vers l'est qu'après la guerre avec la Russie soviétique et la paix de Riga en 1921.

Une haine ethnique se fait jour. De plus en plus de nationalistes, qui peu de temps auparavant avaient salué les soldats de l'Armée rouge avec des drapeaux jaunes et bleus, déferlent des villages ukrainiens et sèment l'angoisse et la terreur dans les grandes villes. Des milliers de personnes sont assassinées en pleine rue. Et ce sont précisément les propagandistes communistes annonciateurs de la liberté qui soutiennent les pogroms. Des tracts prônent la chasse aux Polonais capitalistes, grands propriétaires terriens, officiers, par tous les moyens – faux, haches, et fourches : « *Polakam, panam, scbakam – sobatschaja smert* », peut-on lire sur un tract distribué dans la localité de Molodeczno. « Tous les Polonais, les beaux messieurs et les chiens doivent mourir comme des chiens galeux.» Et dans le village de Horodziej dans la province de Nowogrod, le commissaire Danilow grimpe sur une estrade pour annoncer à la population qui s'est rassemblée sur la place du marché : «Si l'un d'entre vous en veut à quelqu'un, il peut lui faire ce qu'il veut, il peut lui prendre son bien, même la vie.» La conséquence de cette incitation est l'anarchie. Désormais on règle les comptes qui n'avaient pas encore pu l'être. À Podhajce, dans la région de Tarnopol, le grand propriétaire du coin est attaché à un poteau et violemment torturé avec un couteau, et il n'est pas rare que les Juifs soient les victimes de cette folie nationaliste.

En même temps, les soldats de l'Armée rouge font la chasse aux militaires polonais : deux cent cinquante mille soldats, parmi eux environ quinze mille officiers, sont faits prisonniers par les Soviétiques et sont envoyés dans des camps spéciaux. Même si un grand nombre d'entre eux est libéré peu après, dix mille militaires polonais sont astreints au travail obligatoire pour la construction des routes, ou mis à disposition du Commissariat populaire pour l'industrie lourde.

Mais ce n'est qu'un début. Des fonctionnaires soviétiques de plus en plus nombreux commencent à faire du porte-à-porte pour recenser la population. De nombreux hommes aptes au travail sont abattus sur-le-champ, d'autres envoyés en prison. Puis, en hiver et au printemps 1940, les déportations commencent, en Sibérie et au Kamtchatka, à la pointe la plus orientale de ce gigantesque empire. Un rapport – rédigé plus tard – à l'ambassade de Pologne en URSS permet de savoir quels groupes de la population ont été touchés par ces mesures.

Février 1940 : «Dans les villes : fonctionnaires municipaux, juges, policiers; à la campagne : forestiers, colons et petits paysans – dans ce cas il s'agit de Polonais, d'Ukrainiens, de Biélorusses (dans plusieurs localités l'intégralité de la population a disparu).»

Avril 1940 : «Les familles de ceux qui ont déjà été arrêtés, de ceux qui ont fui à l'étranger ou qui ont disparu. Plus les commerçants (surtout les Juifs), les travailleurs agricoles des propriétés nationalisées et les autres petits paysans appartenant aux trois groupes de population.»

Juin 1940 : «Pratiquement tous les citoyens polonais qui en septembre 1939 ont fui par milliers l'ouest de la Pologne devant la cruauté des troupes nazies lorsqu'elles ont occupé le pays, et se sont réfugiés à l'est. De plus, les petits commerçants (essentiellement des Juifs), de même que les médecins, les ingénieurs, les avocats, les journalistes, les artistes, les professeurs d'université et les enseignants.»

C'est lors de cette troisième vague de déportation que le plus grand nombre de Juifs sont déportés en Union soviétique – sur les quatre-vingt mille déportés, quarante-huit pour cent sont juifs.

L'apogée des actes de cruauté est finalement atteint au printemps 1940 lorsque Staline et son bourreau, le chef du NKVD* Laurenti Beria, donnent l'ordre d'exécuter dans la forêt de Katyn, mais aussi dans d'autres lieux, vingt et un mille huit cent cinquante-sept officiers et intellectuels polonais.

* * *

Les Soviétiques rendent également «visite» à Mordechai Cybulski. Ce Juif fortuné est à leurs yeux un capitaliste, donc ils le menacent ouvertement de le déporter dans les camps de Staline pour l'astreindre au travail obligatoire et le rééduquer. Mais Cybulski sait

---

* Police secrète soviétique, ancêtre du KGB.

comment s'y prendre avec les soldats de l'Armée rouge. Il offre aux soiffards de la vodka, et sa femme donne à manger aux affamés, quand ils sont sur le seuil de la porte et implorent «*Mamascha, dawai kuschat*» : «La mère, donne-moi quelque chose à manger.» En outre, il fait tourner son moulin de façon exemplaire et nourrit aussi les troupes d'occupation.

La famille juive a donc bon espoir de pouvoir supporter ces temps difficiles. Cyla aimerait être pharmacienne, comme son frère Jakub qui a commencé des études de médecine à Cracovie avant la guerre, et s'est ensuite tourné vers la pharmacie. Le rêve de Nathan est de devenir plus tard ingénieur et de gagner sa vie ainsi.

* * *

D'autres Juifs souffrent davantage de la domination soviétique. Elle répand la terreur de la déportation, l'angoisse de ne plus jamais revoir la patrie polonaise, une peur qui ne semble pas sans fondement. On évaluera plus tard le nombre de ceux qui ont trouvé la mort dans les camps de travail ou les convois entre quatre-vingt-dix et cent mille. En mai 1940 précisément, une nouvelle sème un vent de panique parmi la population juive : on dit que les Allemands veulent créer à Lemberg une commission qui décidera de ceux qui seront transférés dans les territoires occupés par la Wehrmacht. Et lorsque la commission s'installe effectivement dans la villa Grazyna, rue Orzeszkowa, ce sont précisément des Juifs de la zone contrôlée par les Soviétiques qui veulent aller s'installer dans les territoires occupés par les Allemands. Les Allemands, à la différence des Russes, leur semblent malgré tout plus civilisés. Ils croient que le peuple cultivé qui a engendré Goethe et Schiller ne peut pas se comporter de façon trop inhumaine avec ses victimes, même sous la domination des nazis les plus frustes. «Lors du recensement, raconte Chaim Hades de Brest*, j'ai fait la queue pendant plusieurs heures pour obtenir l'autorisation de changer de zone d'occupation. À cette époque-là, cela signifiait une chance inouïe. Un jour, un officier allemand s'adressa à un groupe de Juifs qui attendaient et leur demanda : "Juifs, où voulez-vous aller? Vous ne savez pas que nous allons vous tuer?" »

---

* Brest-Litovsk.

7

Pendant ce temps-là, les sévices sont continuels au camp d'Auschwitz. Dans la chaleur torride, les détenus doivent se tenir debout pendant des heures, quand ils ne sont pas forcés de se livrer à des «exercices sportifs» humiliants. Celui qui tombe est impitoyablement bourré de coups. La soif torture les prisonniers. S'ajoute à cela qu'ils sont maintenant tous tondus et qu'on ne leur a toujours pas distribué de casquettes. Le soleil brûle sans la moindre pitié les crânes meurtris qui portent des blessures non cicatrisées. Pour se moquer d'eux, on verse sur leur tête l'eau dont ils ont tellement envie. Ils cherchent désespérément à humecter leurs lèvres avec quelques gouttes. Mais cela est interdit aussi. Et les coups pleuvent à nouveau.

Jerzy Bielecki doit se rouler dans les cailloux durs qui recouvrent le sol de la place. Les graviers entaillent sa peau. Des ampoules recouvrent déjà son corps. La peau brûlée de ses coudes pèle. À côté de lui, quelques détenus s'effondrent sous le coup d'une insolation. Un «chanceux» tente de couvrir comme il peut, avec un mouchoir, son crâne chauve hérissé de bosses sanguinolentes, d'autres n'ont même pas cette possibilité.

Jerzy a aussi la chance d'avoir affaire à un *kapo* supportable. C'est un Silésien, un homme calme, et comparé aux nombreux sadiques qui remplissent cette fonction, un homme qui donne l'impression d'avoir du bon sens; sa cote monte auprès des détenus l'un des premiers soirs, car il leur distribue un peu de thé. Mais même les infimes manifestations de sentiments humains sont, elles aussi, immédiatement interdites. Lorsque le Rapportführer Palitzsch, un SS à l'allure juvénile, apparaît dans la baraque, les coups pleuvent avant que Jurek ait eu le temps d'avaler la moindre gorgée.

Le camp se remplit lentement. De la prison de Wisnicz Nowy arrive un convoi de trois cent treize prisonniers polonais, parmi eux se trouve le célèbre peintre et sculpteur Xawery Dunikowski qui reçoit le numéro 774, et désormais des prisonniers de Silésie parviennent quotidiennement à Auschwitz.

Ils sont tous soumis à la même procédure : bain, ciseaux, échange de leurs vêtements contre les uniformes à rayures bleues des détenus. Puis les *kapos* enregistrent les nouveaux venus, leur distribuent leur vaisselle et les frappent avant l'examen médical effectué par le médecin-major SS Mayer qui, pour ses «recherches anthropologiques», relève de façon humiliante les défauts physiques.

Le détenu juif Dawid Wingoczewski attire particulièrement son attention : il décèle chez lui une tuberculose avancée, une descente du côlon et une nécrose. De plus il est extrêmement amaigri et son corps porte les marques des coups qu'il a reçus en prison les jours précédents. Les SS, observe le détenu Adam Kozlowiecki, s'amusent «de l'aspect de ce malheureux». Ils le regardent «comme un monstre» et photographient «le pauvre homme sur toutes les coutures».

Au bout de deux semaines, la «quarantaine» est enfin terminée; les prisonniers sont entassés dans les trois premières baraques, entourées de barbelés, du camp principal de Auschwitz. Jerzy Bielecki est affecté au «bloc 3a» où les détenus serrés les uns contre les autres dorment sur des paillasses; il est soulagé lorsqu'il est désigné pour le «service du travail», car il peut ainsi éviter les chicaneries arbitraires. Et, en fait, le travail est plus supportable que les humiliations continuelles des premières semaines, même s'il doit être effectué pour la plupart d'entre eux pieds nus.

Le groupe est affecté à la construction. Du matin au soir, les prisonniers sont occupés à des travaux de déblaiement et au démontage d'anciennes baraques en bois.

Jerzy réussit parfois à se dissimuler derrière les piles de bois pour respirer un peu. Une chose est évidente : il doit ménager ses forces, sinon il ne sortira pas vivant de ce camp. Mais il lui arrive aussi de se faire prendre pendant qu'il fait une pause. Le visage écarlate, Palitzsch fonce sur lui en hurlant : «Espèce de chien paresseux!» et il frappe Bielecki «bleu et vert». Le *kapo* Hermann ne lui accorde aucun repos, lui non plus. Un jour, le *kapo* Eddi, un homme affable, soigne dans la petite baraque en bois Jurek qui a perdu connaissance, il lui donne à boire un peu de thé. Hermann entre en trombe et les insulte tous les deux : «Qu'est-ce que ce sac de merde fait ici?» Mais après il les laisse faire, se contentant de hocher la tête.

Toujours est-il qu'un semblant de normalité revient. La journée commence à 4 heures lorsque les détenus ivres de sommeil sont tirés de leurs paillasses par les jurons des chefs de baraques. Puis ils se précipitent tous vers l'immense cuve d'eau posée entre les blocs 2 et 3 pour se laver sommairement en quelques minutes, ils retournent au pas de course, escortés par les coups de matraques vers les baraques, pour arranger leur paillasse et essaient de récupérer quelques gorgées d'un café clair comme de l'eau. Mais la plupart d'entre eux n'en ont même pas le temps, car le gong retentit pour l'appel, devant le bloc, où les détenus doivent se mettre en rang par dix pour permettre aux SS de les compter plus facilement.

Puis, en colonnes, ils se rendent tous au travail. Ils passent à chaque fois sous le portail rehaussé de l'inscription : « La liberté par le travail. » Et ils partent à chaque fois en chantant; il y a même un chant du camp.

Au camp d'Auschwitz j'ai été,
Holladri holladro
Des jours, des mois, des années,
Holladri holladro
Mais j'aime à me souvenir avec joie
De ceux que j'aime et qui sont loin.

Lorsque plus tard le commandant du camp Rudolf Hëss sera à son tour en détention, il écrira : « Le travail en prison est un moyen d'éduquer les prisonniers qui manquent totalement de caractère et ont besoin de s'habituer à travailler régulièrement et patiemment. »

* * *

Il y a aussi les repas : au petit déjeuner, un demi-litre d'ersatz de café noir ou de thé, la plupart du temps non sucré. À midi, environ un litre de soupe claire comme de l'eau. Le soir deux cent cinquante grammes de pain, presque toujours déjà moisi. Plus un demi-litre de café et de minuscules portions de fromage collant, de margarine et de confiture, quelquefois un morceau de saucisson.

Ce sont les détenus « gradés » qui sont chargés de distribuer la nourriture. Ils volent impitoyablement les autres prisonniers, accaparant immédiatement ce qu'il y a de plus nourrissant et ne laissant le plus souvent aux autres que les restes pourris. Lorsque Jerzy Bielecki a la poisse, sa ration se compose de pain sec et d'une soupe de raves à peine mangeable.

«On pense constamment au pain et à la nourriture, rapporte le détenu Adam Kozlowiecki. On en parle, on en rêve. Le travail nous épuise jusqu'aux limites du supportable; ils nous donnent peu à manger, juste ce qu'il faut pour éviter la mort immédiate, ils nous font mourir à petit feu.» Une nuit, l'archevêque se surprend lui aussi à voler ses compagnons de souffrance pendant leur sommeil : «Je ne pense qu'à la nourriture, sans cesse, partout, toute la journée et même la nuit.»

Le soir, Jurek peut rendre visite à ses camarades Staszek, Edek, Ignacy et Josef qui sont dans d'autres blocs. Ils ont été séparés dès le premier jour de leur arrestation à Nowy Sacz. À Auschwitz ils sont à nouveau réunis.

* * *

Le soir du 6 juillet, tous se rassemblent comme chaque jour devant le bloc pour l'appel. Les *kapos* vont et viennent nerveusement entre les rangs et comptent les prisonniers. Quelque chose ne va pas. Ils recommencent sans cesse à vérifier leurs numéros. Les gardiens sont visiblement très énervés. Les détenus finissent par comprendre : il manque l'un d'entre eux, et il ne leur faut pas longtemps pour l'identifier. Il s'agit de Tadeusz Wiejowski, le numéro 220.

Jerzy Bielecki a trouvé une place quelque part au milieu d'un groupe de cent. C'est bien, car les plus maltraités sont ceux que les SS et leurs bras armés, les *kapos*, remarquent le plus facilement, en particulier ceux qui sont sur les bords.

Du coin de l'œil, Jurek peut apercevoir Hëss, le commandant du camp, dans tous ses états, il gesticule comme un sauvage en parlant à Fritzsch, le chef de camp. Peu après, celui-ci arrive en courant et hurle à la foule : «Bandes de salauds, vous allez rester debout ici jusqu'à ce qu'on retrouve le détenu qui s'est évadé.» Les prisonniers attendent au garde-à-vous, les uns à côté des autres, à distance d'un bras, les mains derrière la tête, les coudes en arrière aussi loin que possible. Après leur dur labeur, cette position leur est particulièrement pénible, certains d'entre eux commencent déjà à avoir des crampes dans les bras. Les *kapos* se ruent alors dans les rangs et attrapent en hurlant, pour les frapper, les «fainéants» qui ne sont même pas capables de tenir leurs bras dans la bonne position.

Une heure passe ainsi, peut-être deux. Jurek perd la notion du temps : «On devait attendre immobile et nos membres commençaient à être douloureux.» Puis Palitzsch arrive, réclame un interprète et en trouve un en la personne du comte Baworowski, un personnage dégingandé à l'air un peu maladroit.

«Un détenu s'est évadé… Wiejowski… Celui qui l'a aidé à s'enfuir doit se dénoncer.»

Personne ne bouge.

«Vous allez rester debout ici jusqu'à ce que le complice se dénonce.»

Tout le monde reste figé, en silence.

«Maudite troupe! Je vais vous aider!»

Baworowski est congédié de son travail d'interprète avec un coup de pied dans le derrière. L'aristocrate perd l'équilibre, ses lunettes tombent, il revient à quatre pattes à sa place.

Puis les SS s'en vont les premiers, suivis des *kapos* affamés, ils vont manger et laissent les détenus debout dans le froid et l'obscurité qui descendent sur eux.

Une odeur nauséabonde se répand. Nombreux sont ceux qui depuis les mauvais traitements de la semaine passée ont des diarrhées ou des problèmes rénaux.

Personne ne doit bouger. Quelques-uns font leurs besoins sur place.

Puis les tortionnaires reviennent vers leurs victimes, certains en mastiquant bruyamment.

Le détenu Wieslaw Kielar est saisi de tremblements, comme «lors d'une crise de malaria», Jerzy Bielecki a le plus grand mal à se tenir debout, Tadeusz Srogi essaie de maîtriser sa faim en pensant à sa famille. La nuit tombe, l'humidité monte du sol et de la Sola souffle un vent froid.

À un certain moment, pendant cette nuit-là, le Juif Dawid Wingoczewski atteint de tuberculose, que les SS ont humilié à cause de son aspect physique, rend son dernier souffle.

Certains commencent à s'effondrer. Jurek se demande, lui aussi, s'il doit se laisser tomber tellement il est épuisé, «peut-être que ce serait un petit soulagement». Mais quand il voit la façon dont on traite, à coups de bâton et seaux d'eau glacée, ceux qui sont exténués, il décide de tenir coûte que coûte. Le lendemain matin on appelle des numéros. Ceux qui ont été appelés doivent sortir des rangs et Palitzsch les emmène pour un interrogatoire : «Tu connaissais les projets d'évasion de Wiejowski. Avoue!» Puis ils reviennent vers les autres en chancelant sous les coups, la tête dans les épaules, couverts de sang.

Lorsque la chaleur de midi se fait brûlante – quelqu'un dans les derniers rangs supplie qu'on lui donne une gorgée d'eau – un sous-officier arrive. «Si quelqu'un avoue comment Wiejowski a préparé sa fuite, affirme l'Allemand, on lui donnera un travail moins pénible.»

Mais cette fois non plus personne ne se dénonce.

Quelques détenus souffrent d'insolation, d'autres de crises de nerfs. Il n'y a guère plus de la moitié des prisonniers encore debout, et Jurek essaie quand personne ne le regarde de s'accroupir en cachette derrière ses compagnons de souffrance pour reprendre des forces. Vers 14 heures, après dix-neuf heures de tortures, les détenus peuvent rompre les rangs, vraisemblablement après une intervention du médecin du lazaret, Max Popiersch, et on les emmène au travail.

Jerzy Bielecki doit avec son commando trier les déblais, et transporter des vieilles ferrailles et des poêles lourds.

Entre-temps, les SS interrogent cinq électriciens polonais, employés au camp comme civils. Ils les considèrent comme des conspirateurs éventuels, ils auraient, dit-on, favorisé «l'évasion en procurant des vêtements civils et de la nourriture, et transmis des messages secrets».

Dans un premier temps, il s'agit de faire un exemple des cinq Polonais qui viennent d'être torturés et interrogés dans ce que l'on appelle «le bloc de la mort». Erich vom dem Bach-Zelewski, le chef de la police et de la SS le plus gradé à Breslau, ordonne dans une lettre adressée au commandant du camp, Rudolf Hëss, que les travailleurs civils «soient immédiatement exécutés par un commando formé par ses soins», tout en rappelant que «l'objectif d'une telle exécution est de prévenir tous ceux qui nourrissent de semblables projets». Toutefois, ceux qui ont participé à l'évasion sont transférés plus tard au camp de Mauthausen après avoir reçu comme punition soixante coups de fouet.

Katarzyna Wiejowska, l'épouse du fugitif, est informée par l'administration qu'elle peut venir chercher au camp les effets personnels de son mari défunt. «En même temps on lui fait remarquer que si on les lui envoie, ce ne sera pas avant quatre semaines.»

* * *

Bielecki trouve son affectation dans le commando de déblaiement à peu près supportable. On peut négocier avec le *kapo*. Les détenus qui doivent à longueur de journée tirer les lourdes charrettes peuvent être affectés, pour changer, à un autre groupe dans lequel ils trient les ordures; ainsi ils ne sollicitent pas constamment les mêmes muscles.

Cependant il n'échappe pas à Bielecki qu'il existe au camp des tâches plus agréables. Son ami Edek Bubka, par exemple, est menuisier, ce qui le préserve d'un effort physique trop dur. Les travaux administratifs sont également particulièrement convoités, tout comme ceux qui concernent l'approvisionnement. Le mieux est sans doute de se retrouver aux cuisines. Pour ceux qui ont cette chance, il est très simple de se procurer une portion de légumes dont on a particulièrement envie ou même un morceau de saucisson de cheval.

Staszek Stachura a lui aussi trouvé une bonne planque. Il doit tirer avec quelques autres un wagonnet à pneus en caoutchouc. Le travail n'est pas dur. Mais c'est surtout son chargement qui est attirant : des pommes de terre. Il n'est pas rare que les cuisiniers donnent quelque chose aux prisonniers. Et comme Staszek n'oublie pas son vieux copain, Jurek bénéficie lui aussi à l'occasion d'une portion supplémentaire. Le *kapo* Eddi, un détenu pacifique et calme, qui comme Jurek porte le triangle rouge, le signe de reconnaissance des détenus politiques, s'est toujours battu avec le *kapo* Hermann, «le criminel», l'un des nombreux colériques du camp. Derrière son dos, Eddi aide quand il peut.

Un jour il vient trouver Jurek.

«Depuis combien de temps es-tu dans ce commando? lui demande-t-il.

– Depuis longtemps. »

Puis il remarque sur la veste de Bielecki le numéro peu élevé. « Tu es le numéro 243 ? Il y a longtemps que tu devrais avoir un travail moins pénible. »

Eddi promet d'intervenir en faveur de Jurek.

Il ne faut pas longtemps à tous les détenus pour comprendre que dans cet enfer, stratégie et bonnes relations sont essentielles. Parmi les prisonniers polonais – essentiellement des politiques – un système de troc se met en place. Celui qui se montre solidaire a les plus grandes chances de s'en sortir.

8

C'est lorsqu'ils sont dans ce qu'on appelle la colonie pénitentiaire que les détenus souffrent le plus. Bielecki voit parfois passer leur groupe devant lui ; il y a beaucoup de Juifs dans cette nouvelle section, et une majorité d'universitaires qui ont été amenés de Varsovie, en août : des professeurs, des prêtres, des juristes.

Eux qui sont justement les moins habitués au travail physique sont soumis ici au dressage le plus brutal : ils doivent tirer à main nue un rouleau compresseur qui pèse des tonnes sur la place de l'appel et les allées du camp. De nombreux détenus meurent en effectuant ce travail, certains d'épuisement, d'autres écrasés par le cylindre métallique.

Le *kapo* de ce groupe est le sadique criminel Ernst Krankemann, qui a été récemment transféré de Sachsenhausen à Auschwitz et se fait un plaisir de martyriser ceux qui lui sont livrés jusqu'à ce que mort s'ensuive. Sa méthode fait école dans le camp : si un détenu gît à terre sans défense, Krankemann prend le manche d'une pelle, ou n'importe quelle lourde matraque, le place perpendiculairement à la gorge de sa victime et se balance dessus jusqu'à ce que l'homme cesse de respirer.

Bielecki note que « le principal pourvoyeur des crématoires est la colonie pénitentiaire » ; il remarque à peine à quel point son langage devient étrangement neutre et s'adapte à la folie de l'univers du camp. En comparaison de cela, il estime que « tout va bien » pour lui, malgré le traitement qu'on lui inflige; sa ration alimentaire est encore un peu plus importante que celle des détenus torturés par Krankemann. Entre-temps il a réussi à trouver un travail qui lui épargne les tortures physiques.

Jerzy Bielecki, le détenu 243, nettoie avec un balai en rameaux de saule la place devant le portail.

* * *

Bielecki ne remarque pas immédiatement la personne qui se tient de l'autre côté de la barrière. Devant lui, il y a le lourd portail portant l'inscription « La liberté par le travail » et des panneaux menaçants « Halte, montrer son laissez-passer » et « Haute tension, danger de mort » à côté des trois rangées de barbelés.

La femme en civil n'a pas l'air très à l'aise, et ce n'est qu'au bout d'un bon moment que Jerzy porte son regard sur elle. Il voit une « vieille femme », intimidée « qui écarquille les yeux ». Une trentaine de mètres peut-être et la clôture électrique les séparent. Comme si elle était terrorisée, la femme tient les doigts de sa main gauche devant sa bouche, dans sa main droite elle porte son sac. Elle semble vouloir quelque chose, mais Bielecki ne sait pas quoi.

Alors il pose son balai et regarde à nouveau vers elle, la surprise le pétrifie. Il croit reconnaître sa mère derrière les sinistres barbelés. Zofia Bielecka. Mais est-ce possible? Comment pourrait-elle avoir appris qu'il est ici? Comment pourrait-elle surtout savoir qu'ici, entre Vistule et Sola, se trouve ce camp funeste?

Et pourtant la supposition se transforme en certitude lorsque la femme qui se penche, lève un peu les doigts et fait discrètement un signe de la main, comme si elle voulait montrer qu'elle a attendu ici – depuis combien de temps déjà? – et qu'elle l'a enfin trouvé. « Que peut-elle bien ressentir maintenant en me voyant ici, se demande Jurek, dans mes vêtements de détenu, un balai à la main ? » Il oublie le travail, essaie de répondre tout aussi discrètement au signe qu'elle lui a adressé, et tente de lui faire comprendre qu'il ne peut pas se rapprocher d'elle, alors qu'il n'a aucun désir plus ardent. Oui, il lui vient même à l'esprit que rien ne pourrait lui procurer une joie plus intense que de se précipiter vers sa mère, de se mettre à genoux devant elle et de lui baiser les pieds.

C'est alors que le *kapo* se met à hurler.

Bielecki a l'impression que le cri hectique est plus fort qu'à l'ordinaire. C'est la première fois depuis qu'il est au camp qu'il a oublié son environnement naturel : le travail, le *kapo*, y compris les coups qui le menacent de toute part.

À la hâte il se précipite derrière la baraque en brique la plus proche, au rythme des cris énergiques : « Halte ! Halte ! » Puis il reprend son souffle, cherche une cachette, en trouve finalement une dans les latrines. Un prisonnier y est de service que tous nomment « le maître de la merde ».

« Ma mère était à la porte du camp, soupire-t-il. Maintenant ils sont à mes trousses.

– Si quelqu'un t'interroge, dis qu'il y avait une femme près de la clôture, lui conseille le détenu des latrines pour le calmer. N'importe laquelle, surtout ne parle pas de ta mère ! »

* * *

Un coup de gong vient mettre une fin abrupte à leur conversation, le signe pour tous qu'il est temps de se rassembler pour l'appel. D'un air menaçant, le SS responsable du service de travail, le Hauptscharführer Franz Hëssler, s'avance.

«Un détenu s'est approché trop près de la clôture», lance-t-il à la foule au garde-à-vous.

Bielecki sort du rang et bredouille qu'il a voulu balayer et exécuter son travail. C'est tout.

Quel civil se trouvait là?

Bielecki ne sait pas.

Le civil a-t-il fait un signe quelconque?

«Le civil a voulu me demander quelque chose. Je lui ai seulement fait comprendre que je ne savais rien.»

Le *kapo* Bruno envoie son poing dans l'estomac de Bielecki. «Dis pas de conneries!»

Jurek se recroqueville sur le sol et cherche à reprendre son souffle.

Un peu à l'écart, le SS Hëssler, indifférent, prend tranquillement des notes. «Numéro 243 doit se rendre au rapport pour recevoir une sanction», murmure-t-il et donne l'ordre de rompre les rangs. Tandis que les autres, contents d'avoir échappé à une punition, retournent à leur travail, Jerzy Bielecki reste avec le doyen du bloc.

Le soir, le bruit d'une visite familiale inopinée se répand dans le bloc. «Elle va informer le monde entier de ce qui se passe ici», tel est le dernier espoir de ceux qui, par ailleurs, n'espèrent plus rien et ne peuvent pas croire que les hommes libres acceptent ce que les nazis infligent dans les camps à leurs ennemis. «Si seulement était connu à l'extérieur du camp ce qui se passe ici!»

* * *

«Rase-toi convenablement et va chez le coiffeur du camp, recommande paternellement le doyen du bloc à Jerzy. Tu dois te rendre aujourd'hui chez le Hauptsturmführer SS Fritzsch.» Le rapport pour sanction attend Jurek. Il a du mal à s'imaginer ce que recouvre ce terme. Après tout ce que les détenus ont déjà dû subir ici, «cela ne peut pas être si grave que cela», se dit-il pour se rassurer.

Peu après, il se retrouve face au commandant du camp qui lui demande – en jetant un regard innocent sur sa victime – s'il lui est déjà arrivé d'être suspendu à une poutre. «Non, dit Fritzsch d'un ton sarcastique, alors tu vas faire cette expérience.»

Un sbire des SS pousse Jurek dehors, dans la canicule de la mi-journée, lui fait traverser la place et disparaît avec lui dans un bâtiment administratif. En haut dans le grenier on suffoque. L'atmosphère poussiéreuse est torride. La panique s'empare de Bielecki. Quelles sont leurs intentions? Puis, il voit une poutre grossière qui a été placée sous le toit dans toute la largeur de la pièce. De lourdes chaînes y sont accrochées. Au fond un prisonnier inconscient se balance.

L'Allemand ordonne à Bielecki de monter sur un tabouret et il lui attache les mains derrière le dos. Puis il passe entre ses bras une chaîne en fer, enlève le tabouret de dessous ses pieds et remonte la chaîne. Le détenu n° 243 s'envole dans la pièce.

Bielecki ferme les yeux et essaie désespérément de remonter ses jambes pour mieux répartir son poids. Il ne sait combien de temps il reste suspendu ainsi. Lorsqu'il ouvre les yeux, il voit qu'on asperge d'eau le visage de son voisin; puis c'est le noir. Au bout d'un long moment qui lui a semblé une éternité, il entend une voix lui parler en allemand : «Ouvre les yeux, lui dit quelqu'un sur un ton plutôt bienveillant. Ou bien veux-tu rester éternellement suspendu?» Puis Bielecki sent une résistance sous ses pieds. Il essaie péniblement de se redresser. Il a mal partout, mais le SS plaisante. «Ne te fais pas de soucis. D'ici ton mariage tout sera rentré dans l'ordre.» Puis il conduit Jurek à son bloc, le 3a.

Très chers parents,
Je vais bien ici et suis en bonne santé ; je pense constam-
ment à vous. Lorsque vous voudrez m'écrire, conformez-
vous aux recommandations mentionnées sur l'enveloppe.
Dites-moi si vous êtes tous en bonne santé à la maison. Je
vous envoie mille baisers.

Jurek

P.-S. – Merci pour tout. La prochaine fois j'écrirai plus
longuement.

* * *

Les lettres que les détenus ont le droit d'écrire à leur famille depuis l'automne 1940 sont une supercherie. Il n'est pas rare qu'elles soient dictées par les Allemands, toutes mentionnent que les détenus vont bien et qu'ils se réjouissent d'être en bonne santé. De plus, elles doivent être rédigées en langue allemande, et bien sûr, elles sont censurées avant de quitter le camp.

On peut lire sur les enveloppes que « les recommandations suivantes » doivent être respectées dans la correspondance avec les détenus :

« 1) Chaque prisonnier en préventive a le droit de recevoir deux lettres ou deux cartes de sa famille et de lui en envoyer autant. Les lettres adressées aux prisonniers doivent être écrites lisiblement, à l'encre et ne pas dépasser quinze lignes sur une page. Seul le papier à lettres de format courant est autorisé. Les enveloppes ne doivent pas être doublées. Chaque lettre ne doit contenir que cinq timbres à douze pfennigs. Tout le reste est interdit et sera confisqué. Seules dix lignes sont autorisées sur les cartes postales. On ne doit pas utiliser de photos en guise de cartes postales.

2) Les envois d'argent sont autorisés.

3) Lettres et mandats doivent faire mention explicite du destinataire : nom, date de naissance et numéro de matricule du détenu. Si l'adresse est incomplète ou inexacte, l'envoi sera retourné à l'expéditeur ou détruit.

4) Les journaux sont autorisés, mais ils ne doivent être commandés que par l'intermédiaire du K.L. Auschwitz.

5) Les colis sont interdits car les détenus peuvent acheter au camp tout ce qu'ils désirent.

6) Il est inutile d'envoyer à la direction du camp des requêtes pour la libération des détenus.

7) Les visites sont strictement interdites.

Le commandant du camp. »

9

Pendant ces mois d'été et d'automne 1940, peu de combats ont encore lieu. Contre toute attente, dès le début de la guerre, limitée d'abord à la Pologne mais qui ne tarde pas à déferler sur une grande partie de l'Europe, les Allemands ont pu sans difficultés asservir la moitié du continent. Ils ont marché sur Paris avec une arrogance exaspérante, envahi le Danemark et la Norvège; quant aux Anglais, ils ne sont intervenus jusque-là que modérément dans le déroulement de la guerre. On dirait presque que l'Europe s'est faite à l'idée que les nazis vont la dominer, même si Winston Churchill menace de vouloir résister au dictateur allemand; il le définit «comme l'incarnation d'une haine totalement dévastatrice, comme le produit d'un ancien non-droit et d'une vieille honte». Comme il le prouvera par la suite, il pense tout à fait sérieusement à provoquer le raciste fanatique.

Hitler avait ordonné le 16 juillet 1940 de préparer une opération de débarquement en Angleterre. Or, au terme de violents combats, il s'avère rapidement qu'il faut renoncer à «l'opération Seelöwe». La Luftwaffe de Göring finit par échouer face à la Royal Air Force dont on avait au début sous-estimé la défense aérienne, une première défaite pour la Wehrmacht, habituée à la victoire qui s'apprête justement à transformer ses voisins européens en peuples d'esclaves.

Hitler n'avait jamais considéré non plus que les Anglais étaient vraiment ses adversaires. Il espère encore pouvoir s'entendre à l'amiable avec les Britanniques qui, à ses yeux, sont ses égaux du point de vue racial. L'Empire pourrait – en admettant qu'il accepte la domination allemande sur le continent – conserver ses possessions coloniales. En fin de compte, Hitler avait déjà dans *Mein Kampf* désigné sans aucune ambiguïté le lieu où se trouvait l'espace vital à conquérir pour sa «race de seigneurs» : à l'Est. Il faisait la guerre, écrivait-il, pour conquérir des territoires, les coloniser et augmenter la superficie de la «Mère Patrie». Or, ce but se laissait difficilement réaliser en France et dans ses colonies ou dans d'autres pays d'Europe occidentale. L'espace que Hitler revendique se trouve sur le territoire de l'Union soviétique sur lequel, d'après lui, une conjuration judéo-bolchevique se développe.

Et lorsque Hitler propose de conclure la paix à son unique contradicteur, Churchill, il s'agit peut-être d'autre chose que d'une simple stratégie. Il est convaincu, affirme-t-il, que «la poursuite du combat aboutira seulement à la destruction intégrale de l'un des deux combattants». Il se peut que «Mister Churchill» croie «que ce sera l'Allemagne. Je sais quant à moi que ce sera l'Angleterre».

En fait, il y a longtemps que des plans pour conquérir la Russie ont été élaborés à Berlin : depuis l'été 1940 l'attaque de l'Union soviétique est préparée au commandement en chef de l'armée. Une opération dont Hitler croit qu'elle ne devrait pas durer plus de quelques mois. D'ici là, la question anglaise doit être réglée d'une façon ou d'une autre.

Dans la Pologne occupée, les administrateurs du Reich ont d'autres soucis. Depuis 1939 Heinrich Himmler, le commissaire du Reich, est occupé par l'opération «*Heim-ins-Reich-Rückführung*», le regroupement des

Volksdeutsche installés jusque-là dans les pays baltes, le Tyrol du Sud, la Bucovine et la Dobrudscha, en Wolhynie et en Bessarabie. En l'espace de très peu de temps, environ un demi-million d'Allemands, des *Volksdeutsche*, sont transférés dans les territoires de l'Est annexés au Reich et pour ce faire, de plus en plus de Polonais et de Juifs sont déportés dans le gouvernement général de Pologne ou dans des ghettos. Les Allemands rapatriés reprennent leurs fermes, leurs appartements, leurs boutiques et leurs usines. Et même si dès novembre 1939 la région de Lodz qui s'appelle désormais Litzmannstadt est rattachée à la Warthegau pour offrir aux Allemands de la Baltique – des citadins – une autre grande ville comme «chez eux», on manque rapidement de place, surtout dans le gouvernement général où à ce moment trente-cinq mille Juifs ont déjà été déportés.

Le but de Hitler est de détruire l'économie polonaise dans ce territoire. Peu lui importe la surpopulation avec toutes ses conséquences, l'appauvrissement, les épidémies et la pénurie. Au contraire, c'est son but. «Tout ce qui peut consolider la situation de la Pologne doit être détruit», annonce-t-il sans oublier d'ajouter : «Gouverner ce territoire doit nous donner la possibilité de nettoyer également le territoire du Reich des Juifs et des Polaks.»

Hans Frank s'inquiète. Certes, il ne pense pas devoir prendre des gants avec les Polonais ou les Juifs, mais il souhaite que la situation soit claire dans le territoire sur lequel il règne. Ce qui le dérange n'est pas difficile à deviner. La langue des nazis qui a toujours été dépourvue de toute ambiguïté devient à ce moment-là plus explicite que jamais. «Il est insupportable, se lamente le gouverneur général, que des généraux doivent vivre dans des maisons dans lesquelles de la vermine humaine – des Juifs – habite encore.» En fin de compte, il est inacceptable pour «l'autorité du Reichnational-socialiste» que ses représentants soient «contraints en entrant dans la maison ou en en sortant, de rencontrer des Juifs, car ils courent le danger d'être contaminés par des épidémies».

Et c'est justement pour cela qu'il «a l'intention de vider la ville de Cracovie de ses Juifs, dans la mesure du possible avant le 1er novembre 1940». Paradoxe : c'est pour cette raison qu'il glisse à l'oreille de son Führer qu'il faut arrêter les déportations dans le gouvernement général.

En octobre 1940, il lui parvient au bon moment une étude publiée par l'expert nazi pour «les Juifs dans l'espace est-européen», Peter-Heinz Seraphim, qui prétend que le transfert des Juifs «dans un territoire déjà saturé de Juifs [représente] une lourde charge. La question juive devient donc le problème no° 1 de la politique démographique».

Mais que faire des Juifs?

Ces jours-là on discute à Berlin, au ministère des Affaires étrangères, d'un projet, le plan de Madagascar. Depuis 1885, l'île africaine est un protectorat français; or depuis le printemps 1940, les Allemands règnent à Paris. En août, Joseph Goebbels note avec euphorie : «Nous voulons transporter les Juifs plus tard à Madagascar. Là-bas, ils pourront construire leur propre État.» Et dans le département dirigé par Eichmann à l'Office pour la sécurité du Reich, on pense déjà pouvoir éviter durablement le contact entre les Juifs et les autres peuples. Sept cent quarante-trois mille personnes pourraient être déportées d'Allemagne, au moins deux millions trois cent mille du gouvernement général, deux mille cinq cents du petit État du Luxembourg, huit mille cinq cents des pays scandinaves occupés, du Danemark et de la Norvège, quatre-vingt-quinze mille de Slovaquie et deux cent soixante-dix mille de France.

«Une destruction biologique des Juifs, déclare encore à cette époque-là Reinhard Heydrich, serait indigne du peuple allemand qui est une nation de culture. C'est pourquoi nous donnerons mission aux puissances ennemies, quand nous les aurons vaincues, de transporter les Juifs avec toutes leurs affaires par bateau à Madagascar ou n'importe où.»

* * *

Du camp d'Auschwitz, Jerzy Bielecki écrit une seconde lettre à ses parents à Michalowice.

Très, très chère maman,
J'ai reçu ton message. Maman, ne te fais pas de soucis pour moi, car je suis en bonne santé, et Dieu merci, vigoureux. Mes poumons vont très bien.
Je manque un peu d'argent. Tu peux m'en envoyer, de la façon que tu veux.
Maman, avec de l'argent je peux tout acheter ici.
Au revoir.
Mille baisers.

Jurek

La remarque concernant les poumons fait allusion à une pneumonie que Jurek avait attrapée quand il avait treize ans. Depuis, ses parents craignaient une rechute.

10

À partir de novembre il fait un froid glacial au camp. Pour se protéger, Jerzy Bielecki met sous sa veste des morceaux de papier qu'il a collés ensemble.

Mais la carence en vitamines est l'un des problèmes les plus graves. De plus en plus de détenus succombent. La faim n'est pas seulement une torture, elle met aussi la survie en péril. Il n'est donc pas étonnant que Jurek, sans hésiter, se porte volontaire pour un «commando spécial» lorsqu'un SS vient recruter dix détenus; en récompense on leur fait miroiter une portion supplémentaire de pain.

Escortés par les SS, on les fait d'abord sortir par le portail central du camp, puis ils tournent à droite le long du crématoire. La colonne s'immobilise au bout d'un moment. Devant une rangée de barbelés des SS les attendent; derrière eux, une montagne de cadavres. Du sang s'écoule par les blessures béantes de certains corps. «Ils viennent certainement d'être fusillés», note le détenu encore sous le choc, mais les hurlements les appellent déjà au travail : «Allez, allez, vite, vite, chargez cette merde et faites-la disparaître!»

Seuls les coups arrachent les prisonniers à leur contemplation.

Jurek attrape un cadavre par les épaules. Le corps est lourd et Jurek n'a plus de forces. Il le serre désespérément contre lui, saisit son bras, le tire. La tête du mort tape sans cesse sur l'asphalte. Jurek se sent mal et craint de perdre connaissance sous son chargement.

Il arrive péniblement à mettre le corps dans la charrette. Chancelant, il s'approche à nouveau du monticule sanguinolent où sont entassés les morts, prend le suivant. Lorsque tous les cadavres sont chargés, les détenus poussent la charrette vers le crématoire et reçoivent leur ration spéciale.

Puis il retourne dans le secteur de l'intendance vers son commando préposé au rangement du bois. On franchit à nouveau le portail. Toujours en chantant.

Nous sommes jeunes, le monde est ouvert,
Oh, toi, vaste monde plein de beauté.
Notre aspiration et notre espoir
S'envolent dans la forêt et les champs.

Laisse-nous parcourir la campagne
Par monts et par vaux,
Partout où notre regard se porte,
Nous sommes jeunes et c'est beau.

Les quarante hommes dont les cadavres ont été réduits en cendres ce jour-là sont les victimes de la première exécution par arme à feu à Auschwitz. C'est le Reichsführer SS Heinrich Himmler lui-même qui a choisi les noms, pour se venger de prétendus actes de violence ou des agressions exercés sur des fonctionnaires de police à Katowice. Le peloton d'exécution était formé par une compagnie de vingt SS conduite par le commandant du camp en personne.

Plus tard, au moment de l'appel, le commandant adressa à tous les détenus une mise en garde contre la tentation d'évasion. La conséquence en serait l'exécution de quelques habitants des villages d'où les prisonniers sont originaires.

Ce soir-là, Staszek passe. Il n'apporte pas une bonne nouvelle. Edek, leur copain de Michalowice, semblait plus mort que vif lors de l'appel. On l'aurait transporté à l'hôpital.

Il n'est pas facile de s'y rendre. L'accès est interdit aux simples détenus. Mais Staszek est ami avec un prisonnier qui a été envoyé comme sentinelle à l'hôpital. Le soir il laisse les deux amis entrer.

Les malades râlants, inconscients, sont couchés dans des lits superposés à trois étages. Les deux amis mettent un moment à trouver Edek qui a une forte fièvre. Sa respiration difficile est constamment bloquée par de fréquentes quintes de toux.

Ils promettent à leur compagnon de lui apporter à manger. Mais ce dernier ne peut déjà plus ingurgiter de nourriture. Il veut seulement boire, il donne sa ration de nourriture à ses deux visiteurs.

Lorsque Jurek et Staszek reviennent le lendemain avec une tasse d'ersatz de café, la place où Edek était couché le jour précédent est vide. Leur ami est mort. Edmund Bubka a survécu à peine une année au camp de concentration allemand d'Auschwitz en haute Silésie.

Il n'avait que dix-huit ans.

Mes chers maman, papa, Lesiu, Krysiu et Loluniu,
J'ai reçu votre dernière lettre du 3.10.1940 et je vous en remercie. Je suis très content de savoir que vous êtes tous en bonne santé et à la maison. Ici je pense constamment à vous et recevoir de vos nouvelles est toujours une très grande joie.

Je vous suis très reconnaissant de m'avoir envoyé vingt zlotys. Merci beaucoup de me transmettre les salutations des tantes, des oncles et de grand-mère. Moi aussi je pense souvent à eux. Ici, dans ce camp, je me sens toujours bien et je suis également en bonne santé. J'attends seulement avec la nostalgie la plus grande et la plus profonde le moment où je pourrai vous revoir. Mais j'espère que cet instant n'est pas loin. Mon amour pour vous, maman, papa et mes frères est toujours plus grand. Dans votre avant-dernière lettre, je n'ai pas reçu de photographie, parce que c'est interdit. Il faut que vous m'écriviez quelle photo vous m'aviez envoyée. Il faut que vous m'écriviez longuement et très souvent, que vous me racontiez comment ça va à la maison, ce qui se passe à Michalowice, cela me procure ici la plus grande joie. Je vous envoie beaucoup, beaucoup de baisers très doux et je vous serre tendrement dans mes bras.

Je vous embrasse tous encore une fois.

Jurek

Salutations et baisers à toute la famille et aux camarades.

* * *

Au début décembre, on finit par distribuer des chaussures, des manteaux rayés, des casquettes, des chaussettes et des gants aux détenus. Quelques jours auparavant, on leur avait même donné des protège-oreilles. Cela permet de lutter un peu contre le froid et évite que les prisonniers se volent mutuellement. Depuis que l'hiver est rigoureux, il est de plus en plus fréquent que des détenus désespérés dépouillent leurs propres compagnons d'infortune pour pouvoir mieux se protéger contre les intempéries. Jerzy regrette seulement d'être obligé d'échanger ses chaussures qu'il a ressemelées de ses mains au camp contre de grossiers sabots de bois.

* * *

C'est un spectacle étrange : en plein milieu de l'allée centrale du camp s'élève un sapin d'au moins dix mètres de haut. «Grand, vert, très majestueux», se dit Jerzy Bielecki en pensant tristement à sa famille à Michalowice et aux fêtes de Noël passées qui, dans la maison catholique de ses parents, étaient toujours le temps fort de l'année.

Le 23 décembre, les nationaux-socialistes deviennent subitement sentimentaux. Après le dîner, ils remettent à chaque détenu un paquet. Jerzy Bielecki défait, les mains tremblantes, le papier brun et trouve un morceau de pain blanc, un peu de lard, un oignon et du fromage. Il y a aussi un croissant avec de la confiture et une tranche de pain d'épice. Mais ce qui arracherait presque des larmes d'émotion au jeune homme, c'est la gaufrette emballée apparemment avec amour dans du papier blanc.

Le lendemain ils sont tous envoyés au travail, comme chaque jour, et on dirait presque que les *kapos* sont plus nerveux et brutaux que d'habitude. Mais à 14 heures le gong résonne, le travail est terminé et la troupe des SS disparaît. Sur l'arbre de Noël du camp brillent des lumières multicolores.

Le dîner est lui aussi plus abondant qu'à l'ordinaire, malgré les paquets distribués la veille. Les détenus ont du mal à comprendre la générosité de leurs tortionnaires : il y a une soupe brune, du pain avec de la margarine et du saucisson de cheval. Plus tard, Staszek vient voir Jurek pour partager le «dîner fin». Le doyen de la baraque ferme les yeux, et les deux amis, assis dans le bloc 3, fêtent Noël en toute quiétude.

«Passe-moi voir le caviar, plaisante Staszek.

– Attends, il faut que j'ouvre la bouteille de cognac», répond Jurek.

Puis ils chantent de concert des chants de Noël jusqu'à une heure avancée de la nuit et ils doivent également avoir une pensée pour Ignacy Respekta et Josef Waszko.

Voici des semaines qu'ils n'ont plus de nouvelles d'eux.

Si Staszek n'avait pas pris constamment soin de lui, Jurek n'aurait pas passé l'hiver. En tout cas, il en est convaincu. Il a eu à plusieurs reprises des diarrhées et une fois, ses jambes ont même enflé de façon tout à fait inquiétante. En outre, il a gelé à pierre fendre au camp. Chaque jour il fallait déblayer des mètres de neige.

Maintenant, on est déjà en mars, et les journées commencent à être plus chaudes. Il faut ajouter que Jurek s'est vu attribuer un travail plus agréable. En janvier, le groupe chargé de la réserve de bois a été dissous, les détenus répartis dans d'autres commandos. Jurek se trouve désormais dans les écuries. Les prisonniers prélèvent à la ration de pommes de terre destinée aux chevaux ce dont ils ont besoin. En outre le lieu de travail est couvert. Et cependant une certaine mélancolie vient troubler la satisfaction qu'éprouve Jurek d'avoir passé sans encombre son premier hiver à Auschwitz. Staszek est parti. Un jour, il a été transféré avec un groupe de détenus. « Neuengamme », c'est le nom qu'on leur a indiqué, le but de leur voyage, un camp de concentration près de Hambourg.

Désormais Jurek se sent effroyablement seul : Edek est mort, Staszek a quitté le camp, et personne ne sait rien de précis sur les deux autres, Josef et Ignacy. Des bruits courent, on raconte que Josef serait au travail forcé dans les usines de Buna.

Peut-être n'ose-t-il pas donner de ses nouvelles, se dit Jerzy, parce qu'il se sent coupable d'avoir pris contact avec Dobrowolski, le mouchard. Cependant Jurek n'a jamais fait de reproches à son ami.

Auschwitz, le 23.03.1941

Très chers maman, papa, Lesiu, Krysiu et Loluniu,

J'ai reçu votre dernière lettre du 16.03.1941. Cela m'a fait très, très plaisir de savoir que vous êtes tous en bonne santé à la maison. J'ai également reçu l'argent que vous m'avez envoyé. Je vous en suis extrêmement reconnaissant. J'ai appris avec grande surprise et beaucoup de joie la naissance de la seconde fille de l'oncle Staszek. Dieu merci, je suis toujours en bonne santé et en pleine forme. À chaque moment, chaque heure, chaque minute, je pense à vous, à toi maman, à toi papa, à vous mes frères, et je me réjouis à l'idée que cette année peut-être nous serons réunis. Des salutations très affectueuses à toute la famille et aux camarades, et pour vous tous mes chéris, maman, papa, les frères et grand-mère Bielecka des milliers de baisers très forts.

Jurek

P.-S. – Mes vœux très affectueux pour vous et toute la famille à l'occasion de Pâques.

Mon adresse : détenu, Polonais
Nom : Bielecki, Georg
né le : 28.03.1921
Numéro de matricule 243, bloc 3, chambrée 4,
Camp de concentration d'Auschwitz, bureau de poste 2.

* * *

Les conditions de vie de Jurek s'améliorent un peu en été. Un jour, un *kapo* fait irruption chez le doyen du bloc. Il cherche deux bons mécaniciens, dit-il et murmure que c'est vraiment un bon travail.

Jurek qui se tient un peu à l'écart, intercepte la conversation des deux hommes. «Je suis un bon mécanicien», ment le lycéen avec aplomb. Mais son espoir disparaît lorsque deux mécaniciens plus âgés, des «vrais», se présentent.

Mais la deuxième condition indispensable, «de bonnes connaissances d'allemand», lui procure le boulot qu'il espérait.

* * *

Le jour suivant, il va se présenter chez le commandant du moulin Babitz, une usine à l'extérieur des barbelés, mais qui fait partie du camp de concentration. Une partie de la farine qui est produite dans ce moulin sert à l'approvisionnement d'Auschwitz. Le reste est vendu aux Polonais des environs.

La première impression est stupéfiante. Les détenus que Jerzy Bielecki aperçoit dans le moulin le saluent cordialement. Ils vaquent à leur travail sans être traqués, en bavardant, sans avoir peur. Le commando est dirigé par le Unterscharführer Paul Mössner.

«Donc, tu es le mécanicien, dit ce dernier en s'avançant vers Bielecki.

– Oui, Herr Scharführer.

– Est-ce que tu as déjà travaillé dans un moulin?

– Non, monsieur le chef de commando.»

Flatté, le SS sourit.

«Le travail n'est pas difficile. Le matin il faut mettre le moteur en route. Puis contrôler le niveau d'huile. Il faut que tu fasses attention à ce que la machine soit toujours suffisamment graissée. Viens, je vais te montrer.»

Au début les instruments inconnus semblent compliqués, mais au bout d'un moment, Bielecki croit avoir compris le système. Le «mécanicien» repère soigneusement tous les leviers qu'il doit actionner. Et le SS regarde, satisfait lui aussi de sa nouvelle recrue.

Après les humiliations des derniers mois, après la confrontation constante avec les sadiques SS du camp central, avec les privations et la mort, Jerzy se sent, de façon tout à fait inattendue, «comme au paradis». Il avait cessé de croire qu'il puisse encore y avoir des Allemands capables de sentiments humains.

Aux côtés de Mössner, il a désormais l'impression de travailler dans une affaire de famille, tellement il lui est reconnaissant de le traiter correctement.

Au moulin Babitz c'est un peu comme dans la vie normale. Pour la première fois, il ne sent pas la folie du camp. Tout le monde est gentil : les quatre simples ouvriers et aussi les deux experts de Varsovie. Jurek est le septième détenu dans le moulin. Engagé comme «mécanicien et responsable du matériel».

Lorsqu'il regarde par la fenêtre de la salle des machines, il voit des arbres et plus loin des champs. Tout autour du moulin s'élèvent les maisons toutes simples des gens du coin. Comme si l'enfer tout proche n'existait pas, on a accroché avec amour des rideaux aux fenêtres et sur les balcons les fleurs commencent à s'ouvrir. Parfois des enfants joyeux jouent devant les maisons. En revanche, on ne peut rien apercevoir des baraques du camp. Mais on voit passer une voiture tirée par des chevaux de temps à autre, à bonne distance, elle conduit les paysans au travail.

* * *

Un matin, une jeune femme à une certaine distance du moulin fait des signes de la main. Jurek regarde par la fenêtre, sans savoir que faire. À côté de lui, se trouve Jorg, un autre détenu.

«C'est Helenka, dit-il, nous l'appelons Helli.

– Qu'est-ce qu'elle veut?

91

– Tu ne sais pas? (Jorg sourit d'un air entendu.) Elle nous aide. Parfois, elle nous apporte du beurre, du saindoux, du sucre, de la confiture. Parfois aussi des médicaments quand nous lui en commandons, et des cigarettes. Elle vient toujours la veille du jour où elle dépose le paquet et nous informe. »

Jurek n'en croit pas ses oreilles. Il suit bouche bée les explications de son camarade.

« Tu ne t'es jamais demandé d'où venaient les matières grasses et les boulettes dans la soupe? Tu n'as pas remarqué qu'ici nous pouvons fumer et que nous avons des médicaments? »

Helenka Sedenko a seize ans. Elle habite avec ses parents près du moulin, son père travaille dans un magasin de la coopérative Piast. À intervalle régulier ses parents font un paquet pour les prisonniers et envoient leur fille et son amie Irena Sawicka qui parle allemand pour le placer dans une cachette à leur intention.

Aujourd'hui par exemple. Stanislaw, l'un des prisonniers, quitte le moulin pour un petit moment et se dirige vers un escalier tout proche. Là, sous les marches, se trouve la cachette. Il prend le paquet et revient. Tout le monde au moulin est au courant de cet approvisionnement clandestin : Mössner et les contremaîtres allemands. Le Unterscharführer commande même régulièrement ses cigarettes préférées aux Sedenko. Les Allemands s'assurent rapidement lors de chaque livraison que des armes n'y sont pas cachées, puis ils laissent les détenus tout seuls avec leur livraison.

Parfois, il y a même de la vodka. Et à l'occasion les Sedenko se proposent de transmettre des messages aux familles, en particulier des messages codés en provenance du bloc de la mort, le bloc 11.

Jurek reprend lentement des forces et également goût à la vie. Peu à peu une conviction s'impose à lui : « Si je réussis à rester ici, je pourrai survivre au camp. » Il n'a pas à craindre Mössner. Jurek pense que l'homme « aime son travail ». Il arrive qu'ils se trouvent ensemble et parlent de Cracovie, du lycée, des projets d'avenir de Jurek. Le Unterscharführer est très intéressé par son détenu. Et celui-ci ne réalise toujours pas sa chance d'être tombé sur un SS « à caractère humain ».

Ce n'est que le soir que les détenus du moulin Babitz doivent réintégrer les baraques du camp. Le matin, après l'appel, on les conduit à nouveau au travail.

En franchissant le portail.

> *Brune est la noisette,*
> *Brun je suis moi aussi, oui.*
> *Brune doit être mon amie,*
> *Tout comme moi!*

> *Valleri, juviduvidi ha ha ha*
> *Valleri, juviduvidi ha ha ha*
> *Valleri, juviduvidi ha ha ha*
> *Valleri, juvi juvi di.*

Un jour le paquet promis et indispensable à la nourriture des détenus manque. Il souffle un vent de panique. Pourtant, Helenka est fiable. Il doit s'être passé quelque chose. Mais, comment peut-on savoir ce qui n'a pas marché? L'un des prisonniers a l'idée de se diriger avec un seau vide vers la fontaine à proximité de la maison des Sedenko. On peut raconter aux sentinelles qu'un rat est tombé dans le puits et que par conséquent l'eau est souillée. Le plan est accepté et Jurek choisi comme estafette. Le SS Mössner est mis dans la confidence. Au cas où il y aurait des problèmes, il doit protéger les détenus. Mössner coopère. « Bien sûr », dit-il seulement en souriant et il envoie Jurek chez les Sedenko. Le magasinier de la coopérative commence à s'inquiéter lorsqu'il voit Jurek dans la cour accompagné par un SS, mais il comprend vite qu'il ne s'agit pas de l'eau du puits.

Helenka s'est fait prendre ce matin par une sentinelle alors qu'elle franchissait le périmètre du camp de concentration, dit-il. L'Allemand l'avait réprimandée et lui avait demandé si elle ignorait où elle se trouvait, elle devait s'en aller immédiatement. À la suite de quoi, on avait dû surseoir à l'opération.

Jurek et le magasinier s'entretiennent rapidement. Jerzy ne voudrait pas inutilement mettre Helenka dans une situation périlleuse. C'est pourquoi ils décident que dorénavant, c'est un détenu qui, accompagné par un SS, viendra du moulin avec un seau vide chez les Sedenko et y cachera le paquet.

Les sentinelles postées trop loin ne pourront s'apercevoir s'il y a effectivement de l'eau ou autre chose dans le seau.

Et le plan fonctionne. À partir de là des détenus sortent régulièrement du moulin pour se rendre chez le père Sedenko et reviennent avec des denrées alimentaires, des cigarettes et des médicaments.

11

Le 22 juin 1941, un dimanche, la voix de Joseph Goebbels retentit à la radio à 5 heures du matin. Il lit une déclaration d'Adolf Hitler. «J'ai décidé, annonce celui-ci, de remettre, une fois encore, le destin de notre Reich et de notre peuple entre les mains de nos soldats.»

À cette heure-là, les armes parlent déjà depuis plus de deux heures. «L'opération Barbarossa» a commencé, l'attaque de l'Union soviétique. Kiev vient d'être bombardé, de même que Kowno et Sébastopol. Cent cinquante-deux divisions allemandes marchent sur l'URSS : le plus grand déplacement de troupes de l'histoire. Et dans la foulée de la Wehrmacht les formations spéciales SS, des commandos de tueurs, avancent vers l'Est. Ils ont pour mission d'assassiner les opposants politiques et les «indésirables du point de vue racial», coup d'envoi d'une barbarie à laquelle Goebbels donnera plus tard le nom de «guerre totale».

Le crime à grande échelle est planifié depuis longtemps par les nazis. On pouvait déjà en prendre connaissance en mai, dans les directives pour «l'organisation de l'économie à l'Est/section agriculture» qui était chargée de la future politique d'occupation : «Plus de dix millions d'êtres humains seront de trop sur ce territoire, ils devront mourir ou émigrer en Sibérie.» Il était impossible, pouvait-on lire, de «sauver cette population de la famine, car cela ôterait aux Allemands les forces nécessaires pour survivre à la guerre».

La façon dont Hitler pense agir avec les commissaires politiques de l'Union soviétique est tout aussi claire. Dès le 6 juin, le haut-commandement de l'armée transmet aux unités qui devaient participer à la campagne de Russie «l'ordre des commissaires». «Dans le combat contre le bolchevisme, est-il spécifié, il ne faut pas compter sur un comportement de l'ennemi conforme aux principes de la dignité humaine ni au droit international. Il faut s'attendre en particulier à ce que tous les commissaires politiques soient le fer de lance de la résistance et traitent nos prisonniers avec haine, cruauté et inhumanité.» En conséquence : «Lorsque, au cours d'un combat ou d'un acte de résistance, vous les capturez, ils doivent être immédiatement passés par les armes.»

Peu de temps après, le «plan-Madagascar» s'étant révélé inexécutable du fait des nouvelles orientations de la guerre, les nazis préparent ce qu'ils appellent d'une façon un peu générale «la solution finale». Le chef de l'Office central du service de sécurité va obtenir les pleins pouvoirs pour assassiner des millions d'êtres humains. Le 31 juillet 1941, le maréchal Göring signe à cette fin un ordre de mission qu'il remet à Reinhard Heydrich; ce dernier doit prendre «toutes les mesures pour apporter une solution définitive à la question juive dans les territoires soumis par l'Allemagne en Europe et veiller à son exécution».

Parallèlement à cela, au cours de la fin de l'été 1941, le commandant du camp Rudolf Hëss – c'est ce dont il se souviendra plus tard – est convoqué à Berlin chez Heinrich Himmler. «Le Führer, lui explique-t-on à mots couverts, a désormais ordonné la solution finale de la question juive.» Et le camp de concentration commandé par Hëss est particulièrement indiqué pour devenir un lieu d'extermination – «car les liaisons ferroviaires lui assurent une situation favorable ». En outre le site est facile à surveiller et à camoufler : « Les Juifs sont les ennemis éternels du peuple allemand et doivent être exterminés. Tous les Juifs, sans exception, que nous pouvons attraper doivent être exterminés pendant la guerre. Si nous ne parvenons pas à détruire les bases biologiques du judaïsme, ce seront les Juifs qui détruiront le peuple allemand. »

Dès le 24 juin, la terreur allemande atteint aussi Lomza et donc Cyla et sa famille. On exige d'abord des Juifs de la ville de venir se présenter pour du travail. Mais ceux qui se rendent à cette convocation, pensant qu'on va réellement leur donner une mission, sont chargés dans des camions et ne reviendront jamais plus.

Rien qu'entre juin et septembre, trois mille cinq cents des onze mille Juifs vivant à Lomza sont exécutés par les formations spéciales SS dans les forêts proches de la ville. Sans éprouver la moindre gêne, les Polonais et les Ukrainiens prêtent main forte aux Allemands dans leur chasse aux Juifs. Ceux qui ont survécu aux premiers pogroms sont entassés peu de temps après dans le ghetto que l'on crée dans la ville même.

Désespérés, de nombreux Juifs tentent d'échapper aux Allemands et se réfugient dans les forêts voisines, mais il n'est pas rare qu'ils soient dénoncés par les collaborateurs polonais. D'autres essaient de rejoindre les troupes des partisans, mais on raconte que des groupes isolés de l'armée nationale polonaise, *Armia Krajowa*, tuent eux aussi les résistants juifs.

* * *

Un jour, la famille Cybulski est elle aussi envoyée dans le ghetto. Au début les Allemands traitent avec une certaine courtoisie le meunier fortuné, ils lui rendent visite à l'occasion et lui demandent de continuer à faire fonctionner son moulin.

Mais au bout d'un moment le ton change, et on informe incidemment le maître de maison que s'il est effectivement un bon directeur et un homme correct, il est «hélas un Juif». Les Cybulski doivent quitter leur maison, ils ont tout juste le temps d'enterrer une partie de l'argenterie de famille, ainsi que des cristaux et la porcelaine de Meissen. Ils distribuent à leur personnel le reste de leurs objets de valeur et conviennent de se revoir lorsque ces temps difficiles seront passés.

Puis toute la famille est déportée : Mordechai et Fela, Cyla et ses frères et sœurs, Jakub, Nathan et la petite Rebecca. Ils n'ont le droit d'emporter que le minimum et doivent dorénavant partager une toute petite pièce.

Dans un premier temps, le ghetto les protège des instincts sanguinaires de leurs voisins et des nazis. Pourtant la situation est pitoyable. À l'extérieur du ghetto, les sentinelles allemandes patrouillent avec des pistolets mitrailleurs et des chiens. À l'intérieur règne le chaos. Isolés du reste du monde, les gens vivent dans une grande promiscuité et n'ont pas suffisamment à manger; les médicaments et les vêtements font défaut pour l'hiver qui s'annonce. Et seul celui qui a de la chance trouve un travail; les maladies se propagent. Et à maintes reprises, les Juifs sont conduits sur la place, évacués, liquidés.

* * *

C'est au début juillet que les premiers prisonniers de guerre russes arrivent à Auschwitz, la plupart d'entre eux uniquement pour y être assassinés. Et le 3 septembre 1941 on utilise le gaz pour la première fois.

En l'absence du commandant du camp Rudolf Hëss, le Hauptsturmführer Karl Fritzsch a déjà gazé quelques jours auparavant des prisonniers russes dans les caves du bloc 11 avec le Zyklon B (une préparation d'acide prussique) qui sert à exterminer la vermine dans le camp et est donc, pour cette raison, disponible. Au cours d'une conversation avec Hëss, Himmler avait déjà évoqué la décision d'utiliser le gaz comme moyen d'extermination, position qu'il avait justifiée en expliquant que l'exécution par les armes serait une épreuve trop pénible pour les SS, surtout l'exécution des femmes et des enfants.

Après ces premières expérimentations, la direction du camp décide d'utiliser systématiquement le gaz. Dans ses souvenirs, Rudolf Hëss racontera plus tard que : « Conformément à une disposition secrète prise par le Führer, on fit rechercher par des commandos spéciaux de la Gestapo dans tous les camps de prisonniers les *Politruks* russes et les commissaires politiques. Ceux que l'on trouva furent transférés dans le camp le plus proche pour y être exterminés. »

Au début ce sont « des commandos militaires chargés de l'exécution » qui ont liquidé les nouveaux arrivants. C'est ainsi que dès juillet 1941, pendant plusieurs jours, quelques centaines de commissaires politiques de l'Armée rouge ont été assassinés dans une carrière proche de la cuisine du camp, ou fusillés, ou s'ils ont survécu aux balles, ils ont été abattus par les *kapos* à l'aide de matraques, de pelles, de pioches.

* * *

Dans les cellules de la cave du bloc 11, on entasse d'abord deux cent cinquante détenus sélectionnés à l'infirmerie, puis les SS obstruent les étroites fenêtres avec de la terre. Ensuite ils amènent près des malades environ six cents prisonniers russes, des officiers et des commissaires du peuple. On fait pénétrer du Zyklon B et les portes sont verrouillées.

Rudolf Hëss en personne observe le massacre, protégé par un masque à gaz. «La mort, écrit-il plus tard, se produisait dans les cellules surpeuplées immédiatement après l'injection du gaz. On n'entendait que de petits cris très brefs qui indiquaient déjà l'asphyxie, et c'était tout.»

C'est encore au cours de ce mois que la direction fait transformer la salle du crématoire où l'on entasse les cadavres dans le camp principal en une chambre à gaz pouvant contenir neuf cents personnes.

Rapidement des bruits circulent sur ce procédé de massacre collectif et parviennent jusqu'aux autres détenus. Jerzy Bielecki est «abasourdi». Malgré tous les actes de cruauté dont il a fait l'expérience jusqu'ici, le gazage planifié des soldats prisonniers qui sont en réalité protégés par le droit de la guerre dépasse son imagination. Au début il peut à peine croire ce que l'on murmure dans tous les blocs.

Maintenant, c'est de partout que, transport après transport, des prisonniers de guerre sont livrés à Auschwitz. À l'intérieur du camp même se crée une zone spécialement pour les Russes, séparée du reste par une double rangée de barbelés. C'est un camp de concentration dans le camp de concentration.

Les hommes font pitié. Un grand nombre d'entre eux sont tellement affaiblis qu'ils peuvent à peine se tenir debout. Le détenu Wieslaw Kielar note à propos des conditions qui régnaient dans le camp des Russes : «Ceux qui évacuaient les cadavres pouvaient à peine tenir la cadence, il s'ensuivait que les cadavres s'amoncelaient devant chacun des blocs, indiquant l'incroyable taux de mortalité des prisonniers de guerre. Comme par ironie, les autorités eurent l'idée d'édifier à cet endroit-là une infirmerie.»

Jurek doit changer de bloc parce qu'il faut faire de la place : il est affecté au bloc 8.

Et comme maintenant dans le « camp principal » la place commence dangereusement à manquer, on détruit des fermes à Birkenau, à trois kilomètres d'Auschwitz. On veut y édifier un camp de prisonniers de dimensions inconnues jusqu'ici. On projette au début de détenir à Auschwitz-Birkenau cent mille personnes, plus tard on songe à y entasser deux cent mille détenus.

Les conditions de travail sont particulièrement dures. Les prisonniers de guerre sous-alimentés doivent dans la froidure ambiante assécher le sol bourbeux. Nombreux sont ceux qui y laissent leur vie. Responsable des Russes, le premier chef du camp, le SS Hauptsturmführer Fritz August Seidler, est précédé par sa réputation : il a une prédisposition pour les méthodes sadiques. La façon dont le Saxon, membre de la SS depuis mars 1933, a l'habitude de traiter les détenus, Jurek peut l'observer un jour du coin de l'œil pendant l'appel du matin. Il fait froid, le ciel est encore d'un noir d'encre lorsque les prisonniers de guerre attendent en longues colonnes, entre 4 et 5 heures du matin, d'être transportés au travail. Seule la faible lumière des ampoules électriques éclaire leurs visages blafards.

Tout à coup Jurek entend des coups de feu. Ils proviennent du bloc des Russes. Il distingue confusément un tas de corps nus sur le sol. Le froid est tellement intense que de la vapeur s'élève des corps. Autour d'eux, deux ou trois sentinelles bien sanglées dans leurs uniformes aspergent le monticule de cadavres d'eau froide.

Çà et là, un corps donne encore quelques signes de vie. À grandes enjambées, Seidler arrive sur les lieux, sort son pistolet et tire.

* * *

Pendant ce temps-là, Jurek n'est pas mal soigné par les Polonais des environs. Les Sedenko font parvenir aux détenus tantôt des chaussettes chaudes, des écharpes et des pull-overs, tantôt des médicaments et de la nourriture. Où trouvent-ils tout cela, s'enquiert un jour Jerzy qui apprend avec surprise qu'au village de nombreux habitants organisent des collectes pour les « Auschwitzer », les prisonniers d'Auschwitz. Un peu plus tard, Helenka Sedenko racontera qu'un médecin du village, le Dr Kosowski, s'est procuré des médicaments et que les cheminots Malicki et Kaczor se sont rendus à plusieurs reprises à Cracovie pour en acheter aussi. En remerciements pour son aide, Helenka reçoit des détenus de menus présents : un coffret à bijoux confectionné au camp et des chaussures faites dans du pain.

Mais l'hiver 1941-1942 est particulièrement rigoureux. Les détenus, confrontés aux rigueurs de la température, tombent comme des mouches. On construit déjà un nouveau crématoire à Birkenau. Comme les SS n'arrivent pas à brûler les corps assez vite, on creuse des fosses pour y entasser les cadavres.

Tadeusz Srogi, le jeune homme dont le nom de guerre était Filip, arrêté par la Gestapo dans la rue à Sanok, s'est trouvé en même temps que Jerzy Bielecki à la prison de Tarnow, puis a fait partie du même convoi que Jurek, et a lui aussi survécu aux horreurs des premiers mois. Comme Jurek il a réussi à se faire affecter dans un commando où il ne doit pas fournir un travail trop dur.

Srogi est particulièrement chanceux d'être transféré en décembre 1941 à l'atelier de raccommodage du vestiaire des SS. Il y est traité de façon correcte et s'y trouve à l'abri du froid.

Des SS viennent fréquemment apporter leurs uniformes que les détenus réparent. Srogi apprend vite et il sait reconnaître au premier coup d'œil la taille de chacun. À l'occasion, les Allemands font un brin de causette avec lui, il est un des « détenus importants », c'est ainsi qu'on appelle au camp les prisonniers du premier transport.

* * *

Tandis qu'à Auschwitz, le crime est devenu depuis longtemps normalité et qu'on s'entraîne au crime collectif, les stratèges de la « solution finale » se retrouvent le 20 janvier 1942 à Berlin, dans la villa Am Grossen Wannsee 56-58. Reinhard Heydrich qui représente Heinrich Himmler et dirige l'Office central du service de sécurité a convoqué à Berlin les secrétaires d'État des principaux ministères. Il s'agit de mettre les détails au point.

« À la place de l'émigration, souligne le chargé d'affaires pour l'extermination massive, il a été envisagé une autre solution possible qui a reçu l'approbation préalable du Führer : l'évacuation des Juifs vers l'Est. »

D'abord, les Juifs seraient contraints de travailler là-bas. Heydrich précise : « En longues colonnes, selon les sexes, les Juifs aptes au travail seront conduits sur ces territoires pour y construire des routes, il est évident qu'un grand nombre d'entre eux, à cause de leur faiblesse naturelle, ne pourra pas exécuter cette tâche. »

Après le travail, ce sera la mort. Dans la logique darwiniste des fanatiques de la « race » : « Ceux qui survivront à tout cela, incontestablement les plus résistants d'entre eux, seront traités en conséquence, car ils représentent la sélection naturelle qui, si on la laissait en liberté, pourrait devenir le ferment d'une nouvelle race juive. »

Devant un café et un cognac, ces messieurs discutent maintenant les détails de l'extermination. Ainsi que le rapportera plus tard le chargé aux affaires juives, Adolf Eichmann, lors de son procès en Israël, les propos ont fusé de façon très désordonnée pendant cette réunion. Il a aussi été question de décider qui devait être exterminé.

Heydrich aimerait faire assassiner les « demi-juifs », mais traiter les quarterons comme des Allemands. Wilhelm Stuckart, secrétaire d'État au ministère de l'Intérieur, plaide en faveur d'une stérilisation forcée des « métis ». Le *Gruppenführer* SS Otto Hofmann, de l'Office central pour les questions raciales et la colonisation, pense qu'on devrait leur laisser le choix : la stérilisation forcée ou la déportation.

Même si ces questions n'ont pas été définitivement tranchées dans la villa Am Grossen Wannsee, Heydrich quitte la réunion dans un état quasi euphorique. Eichmann rapporte à ce propos que Heydrich avait supposé qu'on lui mettrait « des bâtons dans les roues et qu'il y aurait des réticences », au lieu de cela « non seulement les participants à cette réunion l'avaient approuvé, mais ils l'avaient soutenu de façon tout à fait inattendue ». Là-dessus, le chef de l'Office central du service de sécurité du Reich qui passe plutôt pour un ascète s'octroie un petit verre de cognac.

Le compte rendu de la réunion mentionne que « les mesures prises pour la solution finale de la question juive en Europe concernent onze millions de Juifs ». Suit une liste détaillée des pays jusqu'ici invaincus par Hitler, comme l'Angleterre et l'Irlande, des pays neutres comme la Suède et la Suisse, ou encore l'Espagne de Franco et l'Italie de Mussolini. Les Juifs de plus de soixante-cinq ans doivent être transférés dans un ghetto – Theresienstadt est prévu à cet effet.

* * *

Il ne faut pas longtemps pour que les décisions prises à la conférence de Wannsee soient appliquées à Auschwitz.

En février, quatre cents Juifs auparavant sélectionnés comme « inaptes au travail » par le Brigadeführer SS et chef de la police de Breslau Albrecht Schmelt sont livrés au camp. Avant leur arrivée, les SS font fermer les routes et vider les bureaux qui donnent sur le crématoire. « Un triste convoi, rapporte le SS Perry Broad, avançait dans les rues du camp. Ils ont tous l'étoile jaune sur leurs pauvres vêtements. Leurs visages rongés par l'angoisse portent les stigmates des nombreuses épreuves qu'ils ont déjà endurées. »

Alors que jusqu'ici le meurtre a été commis au camp presque au grand jour, parfois aussi pour terroriser les détenus, la direction du camp essaie maintenant de cacher, presque comme si elle en avait honte, la liquidation des Juifs âgés. Maximilian Grabner, le chef de l'opération, va même jusqu'à faire tourner un moteur de camion pour masquer les cris de ceux qui sont envoyés à la mort sans défense.

Comme le « traitement particulier » s'avère un succès du point de vue des SS, on décide immédiatement de construire à Birkenau un grand crématoire avec cinq cheminées. Dans un coin du camp, au nord-ouest, qui s'appelle désormais Auschwitz II, se trouve une ferme abandonnée appartenant aux paysans Wiechuja. À l'intérieur de la petite maison rouge, on construit deux chambres à gaz qui seront mises en route un peu plus tard sous le nom de Bunker I.

* * *

Les collègues envoient désormais de plus en plus fréquemment Jurek « chercher de l'eau ». Les Sedenko le saluent comme une vieille connaissance. Un jour, la maîtresse de maison le prend à part et lui dit de façon très maternelle : « Jurek, si tu veux envoyer une lettre à ta famille, tu peux me la donner sans problème. Nous l'acheminerons vers Michalowice. » Jurek en a les larmes aux yeux. Plusieurs fois déjà, il a envisagé cette possibilité, mais il n'aurait pas osé prier cette famille de lui accorder une faveur aussi dangereuse pour elle.

Jerzy Bielecki supporte l'hiver grâce aux paquets des Sedenko. Cependant il doit se rendre au début 1942 au lazaret. Au début, il ne veut pas se soigner. Il a trop peur de perdre son travail ou, c'est ce qu'on entend le plus souvent, de tout simplement disparaître. Mais lorsque la fièvre devient plus forte, que les vertiges et les malaises ne régressent pas, il cède à la pression de ses camarades qui le persuadent de se faire porter malade.

Dans la salle du lazaret, l'odeur est horrible, seul un tout petit filet d'air passe par les interstices des fenêtres. Les malades gémissent, serrés les uns contre les autres. Quelqu'un lui indique un châlit étroit. Toutefois il semble avoir pris la bonne décision : au bout de quatre jours, la fièvre tombe et Jurek reçoit la visite de ses amis du moulin de Babitz. Peu après, content d'avoir résisté à tout cela, il reçoit son bon de sortie.

Mais à ce moment-là, un Allemand apparaît. Jurek pense que c'est un sous-officier.

« Qu'est-ce que c'est ? dit l'homme en le désignant.

– Il a seulement eu une grippe et il va bientôt pouvoir sortir, lui explique l'infirmier.

– Formidable ! Nous avons encore besoin de deux hommes, je l'emmène tout de suite ! »

Jurek tremble de peur. Mais on ne peut pas se soustraire à un ordre donné par un Allemand. Il le suit dans le bâtiment voisin où un homme habillé de blanc comme un médecin, apparemment un militaire de haut rang, les salue tous les deux.

« En voici déjà un, monsieur le médecin-chef », s'écrie le sous-officier. La panique s'empare de Jurek.

Puis les médecins SS l'examinent, s'enquièrent de ses antécédents médicaux − a-t-il souffert de ceci ou de cela −, Jurek répond à toutes les questions; alors l'un des deux lui tend un pyjama.

« Enfile-le.

− Pourquoi? refuse Jurek. Je suis guéri, monsieur le médecin-chef, je voudrais retourner au travail.

− Ferme ta gueule, imbécile!» le tance celui-ci. Et il fait une piqûre au patient qui vient justement de retrouver la santé.

La nuit suivante, Jurek perd conscience et ne revient à lui qu'au bout de quatre jours. Il n'a aucune idée de ce qui lui est arrivé.

« Qu'est-ce qu'ils m'ont fait? demande-t-il avec appréhension à un détenu qui travaille comme infirmier.

− Ils t'ont inoculé le typhus», lui explique le jeune homme avec une certaine gêne.

Abattu, il perd conscience plusieurs fois encore. Mais au bout de cinq semaines, la torture prend fin. Jurek résiste à cette maladie grave et est autorisé à retourner vers la vie et vers le camp. Il ignore le sens de l'expérience que les médecins ont faite sur lui.

Il apprend seulement, quelque temps après, le nom de son tortionnaire, Friedrich Karl Hermann Entress, Hauptsturmführer SS; né en 1914 à Posen et depuis 1939 dans la SS, un médecin qui a déjà fait des «expériences» dans les camps de concentration de Gross-Rosen et de Sachsenhausen, avant d'être muté en décembre 1941 à Auschwitz.

Entress dirige des recherches en pharmacologie avec ses collègues Helmuth Vetter, Eduard Wirths et Fritz Klein. Leur but est la mise au point de nouveaux médicaments comme le Be-1012, Be-1034 ou 3582.

Lorsque Jerzy Bielecki réapparaît au moulin il est reçu chaleureusement par ses compagnons «comme s'il revenait d'un autre monde ». Ils avaient appris depuis longtemps que Jurek avait atterri dans le « bloc du typhus » de terrible réputation. Mais les visites dans ce bâtiment hermétiquement verrouillé étaient strictement interdites. Et dans les semaines précédentes ils pouvaient encore à peine espérer que leur camarade survivrait à l'épreuve qui lui était infligée chez Entress.

Lorsque Jurek fait irruption pour la première fois chez les Sedenko, la maîtresse de maison a les larmes aux yeux. Immédiatement la mère de Jurek est informée. Tout a bien fini. « Dieu soit loué ! »

Puis Jurek peut à nouveau écrire une lettre à ses parents. Sur ces entrefaites, la famille s'est installée dans la petite ville d'Igolomia, pas très loin de Cracovie, où le père a trouvé un nouveau poste de secrétaire de mairie. La maladie à laquelle le fils a résisté ne doit absolument pas être évoquée dans la correspondance.

Très chers maman, papa, Lesiu, Krysiu et Loluniu,
Je me réjouis surtout de vous savoir tous en bonne santé et que tout aille bien. Je m'ennuie beaucoup de vous et je pense à vous tous à chaque instant. Mais je garde l'espoir que nous serons bientôt réunis.
Des salutations très chaleureuses à toute la famille et aux amis.
Pour vous des milliers de baisers et de caresses.

Jurek
Auschwitz 22.2.1942

* * *

En l'absence de Jurek le moulin n'a pas beaucoup changé. Un camarade a été envoyé dans un autre commando de travail. Sinon tout est resté comme avant.

Au bout d'un certain temps, Jerzy Bielecki reprend des forces.

12

Quelque chose cloche dans le comportement d'Helenka. Depuis un certain temps, Josef la voit plantée devant le moulin, le regard fixé dans sa direction. À côté de la jeune fille il y a une femme plus âgée. Aucune des deux n'a l'air de vouloir s'en aller, il semble qu'elles attendent quelque chose.

« Regarde donc, toi aussi, demande-t-il à Jurek. Qu'est-ce qu'elles veulent ces deux-là ? »

Jurek monte au premier étage du moulin et se dirige vers la fenêtre. De là-haut on a une meilleure vue sur la maison des Sedenko. Il repère alors les deux silhouettes.

Il ne lui faut pas longtemps pour comprendre : la femme qui attend là-bas à côté d'Helenka, c'est sa mère à lui.

Elle porte un léger manteau d'été et un chapeau. Elle fait un effort pour regarder à contre-jour. Leurs regards se croisent. Alors Helenka attrape la femme par la manche de son manteau et la tire vers la maison. Jurek a compris le signal ; la Polonaise ne veut pas prendre de risque inutile. Elles disparaissent toutes les deux du champ de vision de Jurek.

D'une façon ou d'une autre, il faut qu'il arrive à rencontrer sa mère chez les Sedenko. Mais comment ?

Se rendre à la fontaine en compagnie d'un SS, une feinte maintes fois expérimentée, lui semble dans ce cas précis trop risqué. Dans le seau il y a toujours des cigarettes destinées aussi aux Allemands. Mais cette fois la sentinelle devrait se mettre en danger sans rien attendre en retour. D'autre part, il pourrait redouter que Jurek profite de la rencontre avec sa mère pour s'évader.

Cela ne peut marcher qu'avec Mössner.

Mais comment va-t-il réagir quand Jurek va le mettre au courant de la présence de sa mère?

Pendant un moment Jurek parcourt nerveusement le moulin. Puis il tombe presque nez à nez avec le Unterscharführer.

«Oh là là, qu'est-ce qui se passe? interroge Mössner. Quelque chose ne va pas?» La voix de Jurek tremble. Il a décidé de mettre le SS au courant. Maintenant il ne peut plus reculer.

«Je dois vous adresser la requête, peut-être la plus importante de ma vie, bredouille-t-il.

– De quoi s'agit-il?

– Si vous ne pouvez pas m'aider, gardez pour vous, s'il vous plaît, mes propos.

– Qu'as-tu donc sur le cœur?

– Ma mère est venue. Et je voudrais la voir.»

Mössner plisse le front et fronce les sourcils d'un air songeur. Il garde le silence pendant quelques minutes.

«Peut-être, dit Jurek pour rompre le silence, peut-être pouvez-vous m'accompagner pour aller chercher de l'eau. Alors je pourrais la rencontrer.»

Mössner continue de se taire, l'air grave, tandis que Jurek, anxieux, ne le quitte pas des yeux.

Puis Mössner lâche cette phrase lapidaire : «Mon Dieu, je n'ai même pas mon arme sur moi. Je vais chercher mon pistolet et tu peux déjà aller chercher le seau.»

* * *

Peu de temps après, les deux hommes se mettent en route en direction de la maison des Polonais. Il n'y a que quelques pas à faire, et la mère et le fils tombent dans les bras l'un de l'autre. Zofia Bielecka, debout, pleure. Jurek la prend tendrement dans ses bras, caresse les cheveux de sa mère et remarque que maintenant ils grisonnent.

Les Sedenko, et Mössner lui aussi, se retirent dans la pièce voisine, la porte reste entrouverte.

« Tu vas revenir à la maison, n'est-ce pas ? interroge la mère, soucieuse, en serrant son fils sur sa poitrine.

– Bien sûr, la rassure Jurek. Tu vois que je vais bien. Je ne peux pas me plaindre. »

Pendant un moment ils restent ainsi, l'un contre l'autre. Zofia Bielecka regarde son fils bien-aimé sur toutes les coutures : avec ses cheveux ultracourts et son treillis de détenu gris-bleu.

Depuis quelque temps des bruits circulent, on raconte ce qui se passe dans le camp de concentration d'Auschwitz. Mais elle se rassure en voyant Jurek devant elle, en bonne santé. Puis Mössner les incite aux adieux. Le seau rempli d'eau, Jurek et lui reprennent le chemin du moulin.

Peu après, en février 1942, Helena Sedenko et sa famille doivent quitter leur maison, parce que son père est muté ailleurs. L'organisation qui procurait aux détenus vivres et vêtements va devenir plus difficile, toutefois, les « anciens détenus » trouvent entre-temps des moyens pour se procurer l'indispensable. Et Jurek peut dans les mois suivants de nouveau rencontrer sa mère. Une fois il la voit dans les environs, dans une cabane de cheminots, une autre fois il peut seulement l'apercevoir de loin.

* * *

Un passage du journal de Joseph Goebbels daté du 27 mars 1942 atteste que l'on est au courant, dans la

capitale du Reich, des événements qui se passent à l'Est :
« Maintenant, les Juifs vivant dans le gouvernement
général sont envoyés vers l'Est, à commencer par Lublin,
écrit-il. On emploie ici une méthode assez barbare qu'il
ne convient pas de décrire plus en détail, et il ne reste
pas grand-chose des Juifs eux-mêmes. On peut établir
approximativement que soixante pour cent d'entre eux
ont dû être liquidés, alors que seulement quarante pour
cent ont pu être mis au travail. L'ancien Gauleiter de
Vienne qui mène cette opération agit avec une certaine
prudence et emploie une méthode qui ne se remarque
pas trop. On applique aux Juifs une peine certes barbare,
mais absolument méritée. La prophétie du Führer
concernant leur responsabilité dans une nouvelle guerre
mondiale commence à se réaliser de la façon la plus
horrible. »

* * *

Des fenêtres du moulin, Jerzy Bielecki observe une
colonne de détenues. Elles donnent l'impression d'être à
bout de forces. Lorsqu'elles se rendent au travail, les
Juives sont constamment battues et bousculées par des
kapos féminins. « Les femmes sont au moins aussi
brutales que les hommes. » Jurek peut à peine le croire.
La violence règne en maître à Auschwitz, presque sans
différences.

* * *

Au printemps 1942 commence l'assassinat systéma-
tique des Juifs d'Europe dans trois camps d'extermination récemment créés. Les critères qui ont présidé
à leur choix sont leur isolement et leur infrastructure,
c'est-à-dire leur raccordement au réseau ferroviaire. De
plus, ils se trouvent tous les trois en Pologne : Belzec et

*Photo de mariage des parents
de Jerzy Bielecki.*

Jerzy Bielecki (à gauche) *avec ses frères
Leszek* (au milieu) *et Krysztof.*

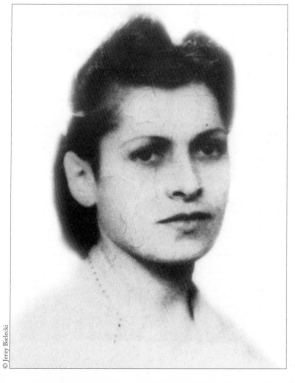

Cyla Cybulska

Tarnow, le 14 juin 1940.
Premier convoi de civils
polonais en partance
pour Auschwitz.

Arrivée à Auschwitz.

Stanislaw
(dit Staszek)
Stachura.

Marian Wudniak.

Lettres de Jerzy à ses parents, écrites en allemand et soumises à la censure.

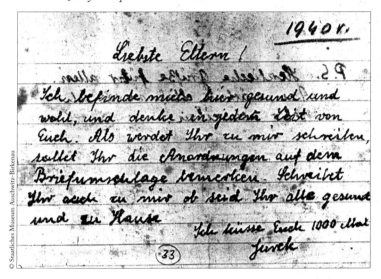

*« Recommandations »
aux familles
concernant
la correspondance
avec les prisonniers.*

*Le bloc 9 de Birkenau,
dans lequel Cyla a passé
ses premières semaines.*

© Thilo Thiele

*Châlit sur lequel
Cyla et son amie
Sonia Rotszyld
dormaient.*

© Thilo Thiele

*En 1983, Cyla
retournera à Birkenau
en compagnie de Jurek
et gravera son nom
et celui de Sonia
sur leur châlit.*

© Thilo Thiele

*Acte de décès de Jacub Cybulski
– l'un des frères de Cyla –,
mort à Auschwitz le 23 janvier 1943,
à la veille de ses vingt-cinq ans.*

© Staatliches Museum Auschwitz-Birkenau

Ancien bâtiment de l'état-major sur le terrain de la régie des tabacs.

Dans cette aile se trouvait la lingerie dans laquelle travaillait Cyla.

Helena (dite Helenka) Dominikowska, née Sedenko, dans les années 70.

Le grenier à céréales dans lequel Jerzy dissimula l'uniforme SS qu'il utilisera pour sa fuite.

Télégramme du commandant du camp informant la Gestapo de l'évasion de Jerzy Bielecki, en compagnie d'une détenue juive.

*Après son évasion, Jerzy rejoint
son frère Leszek (à droite)
au côté des «partisans».*

*1983. Genowefa Czernick
devant sa ferme à Gruszow
dans laquelle Cyla restera après
le départ de Jerzy pour le maquis.*

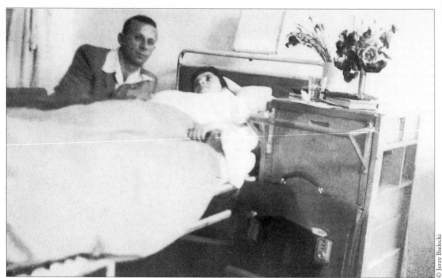

© Jerzy Bielecki

Après la guerre, Cyla tombe gravement malade.

Jerzy Bielecki devant le camp d'Auschwitz, en 1997.

© Jens Rötzsch/Ostkreuz

Sobibor dans le district de Lublin, Treblinka dans celui de Varsovie. Le premier camp installé est celui de Belzec. La construction avait commencé dès octobre 1941, lorsque les SS avaient exigé que leur soient livrés vingt ouvriers de la ville ; en janvier et février 1942, les miradors ont été construits et en mars, on a commencé à assassiner. Des Juifs principalement en provenance des régions situées au sud-est du gouvernement général sont déportés au camp, obligés de se défaire de leurs objets de valeur, puis conduits dans les chambres à gaz maquillées en salles de douches. À la différence d'Auschwitz, à Belzec les êtres humains sont asphyxiés avec du monoxyde de carbone.

13

En août 1942, la construction du camp de Birkenau vient d'être achevée; les femmes, qui jusque-là étaient internées dans le camp de base Auschwitz I, y sont transférées dans un secteur qui leur est réservé.

Pour cette raison, la situation s'améliore un peu pour Jurek et ses codétenus. Jusque-là, les conditions de détention étaient très chaotiques dans le «camp des hommes». La promiscuité dans les blocs exigus était devenue insupportable. C'est pourquoi les SS et les *kapos* faisaient de plus en plus souvent irruption la nuit, ordonnant aux détenus de sauter des châlits où ils étaient allongés et de se mettre au garde-à-vous dans le couloir. Puis ils passaient en revue la rangée de prisonniers et ordonnaient aux plus faibles de sortir du rang. Les silhouettes qui n'avaient plus que la peau sur les os, désignées au camp du nom de «*Muselmönner*», musulmans, étaient chargées dans des camions et gazées à Birkenau. Pour échapper à cette sélection, de nombreux détenus exténués essayaient de se cacher sous les matelas; et avant cet intermède nocturne, certains arrachaient leurs pansements et recouvraient leurs blessures avec leur uniforme.

À ce moment-là, les crématoires travaillent jour et nuit à Birkenau. Au-dessus du camp, on peut voir des nuages de fumée noire s'élever vers le ciel, une odeur fade et insupportable se répand dans la campagne à des kilomètres. Jurek et ses camarades ont constamment la mort sous les yeux.

Toutefois, pour eux, la situation s'améliore ; plus les convois à destination d'Auschwitz-Birkenau sont nombreux, plus il est facile de se procurer des vivres ou des objets de valeur qui ont été pris aux Juifs. Des bouteilles de vodka s'échangent contre de l'or, de la nourriture contre des vêtements. Les détenus de la première heure n'ont pas de problèmes pour trouver de l'argent, seulement, dans l'univers concentrationnaire d'Auschwitz, il est presque sans valeur.

* * *

Sur ces entrefaites, les nazis commencent aussi à préparer la « solution finale » à Lomza. Le 2 novembre 1942, le ghetto, qu'une épidémie de typhus vient justement de dévaster, est vidé. L'évacuation des habitants du ghetto a toujours lieu « le jour du sabbat », car ce jour-là « tout le monde était à la maison », se souvient Arje Waschkewitz.

On emmène tous les Juifs de la région dans une ancienne caserne de l'armée située dans les environs. À côté du camp de transit destiné aux Juifs polonais, se trouve aussi un camp de prisonniers. Waschkewitz raconte que des épidémies auraient emporté quelques milliers de Russes, tandis que Helena Sprotzer, un autre témoin, parle d'assassinat. « Il y avait eu auparavant cinquante mille prisonniers russes, ils étaient morts, leurs corps empilés dans une fosse ; on les avait empoisonnés. »

Les conditions auxquelles Cyla et sa famille se voient confrontées sont encore plus pénibles dans cette caserne que dans le ghetto de Lomza. Vingt mille êtres humains sont bientôt réduits à végéter dans vingt baraques où il gèle à pierre fendre. « Des morts vivants, dit Helena Sprotzer, errent dans les rues. Dans le ghetto, on se disait seulement : il existe un lieu où l'on brûle les êtres humains. Il s'appelle "Malkinia". Tous disent : lorsque nous

115

aurons dépassé Malkinia, nous saurons que tout cela n'était qu'une rumeur. »

À Auschwitz, les détenus passent la fête de Noël sans être tenaillés par la faim qui les a torturés continuellement jusqu'ici. Jurek a même reçu un petit colis de ses parents en provenance d'Igolomia. Le soir, les prisonniers jouent de la guitare et chantent. Jurek se souvient de la fête, comme des « heures douces ». Après il rend visite à des amis dans d'autres blocs. Certes les prisonniers continuent à être confrontés jour après jour à la mort, mais maintenant certains estiment qu'ils ont des chances de survivre, des spéculations auxquelles personne ne se serait risqué au début.

Le 29 décembre, une nouvelle « sensationnelle » se propage dans le camp. « Es-tu déjà au courant ? s'exclame un camarade : quatre hommes se sont enfuis. Quatre prisonniers importants. » Il s'agit de l'Allemand Otto Küsel (n° 2), et des Polonais Jan Baras (n° 564), Mieczyslaw Januszewski (n° 711) et Boleslaw Kuczbara (n° 4308).

Otto Küsel, membre du service de travail au camp, l'un des plus connus des trente détenus de Sachsenhausen et qui avait la confiance des SS, s'était rendu avec une voiture à cheval au camp de base et avait chargé devant le bloc 24 quatre vieilles armoires qui apparemment devaient être réparées dans une menuiserie. Sans être contrôlée au portail principal, la voiture quitte le camp et traverse tout le quartier de l'intendance. En pleine campagne, l'une des armoires s'ouvre et Mieczyslaw Januszewski, un vieux camarade de Jurek qu'il appelle Mietek, en sort, il porte un uniforme SS et est armé. Il prend place à côté de Küsel, comme une sentinelle SS. Arrivé à la dernière barrière, Januszewski présente au Unterführer SS de service un laissez-passer qu'il s'est procuré au préalable et qui atteste qu'il doit escorter un détenu. Plus tard, les deux autres sortent également de leur cachette, car la voiture a depuis longtemps quitté la zone d'activités d'Auschwitz. Pour cette évasion remarquable, les détenus ont été aidés par l'armée nationale, *Armia Krajowa*, qui opère dans les environs et par une habitante de Oswiecim.

Jurek se fait raconter l'évasion en détail. Il ne faut pas longtemps pour que presque tous les prisonniers parlent avec admiration de cet acte de bravoure.

* * *

Jurek ne sait plus quand, mais un jour, un détenu décharné se trouve face à lui. Il ressemble à un « Muselmann » – « un spectacle horrible ». Il le fixe longuement. « Tu ne me reconnais pas ? lui demande l'autre décontenancé en voyant qu'il ne sait que faire. Je suis Lutek, ton cousin. »

C'est effectivement lui. Le typhus lui a enlevé ses dernières forces. Mais Lutek s'en sort. À partir de maintenant il est sous la protection de Jurek qui lui procure de quoi manger et se débrouille pour faire lentement recouvrer ses forces au convalescent. Au bout de quelques semaines, Jurek retrouve dans le visage de son cousin les traits qui lui étaient si familiers.

* * *

Des centaines, si ce n'est des milliers de personnes ont été victimes de l'hiver rigoureux à Zambrow. Le 12 janvier 1943, les Allemands vident le ghetto. Arje Waschkewitz est dans le bloc 3, non loin de la famille Cybulski. « Les Allemands avaient ordonné aux non-Juifs de venir avec des traîneaux et des chevaux. Tous les deux jours ils vidaient un bloc entier. À chaque fois qu'ils avaient fini de vider un bloc, nous allions voir s'il restait quelque chose : peut-être à manger. J'ai rencontré beaucoup de gens originaires de la même ville que moi, beaucoup d'entre eux avaient le typhus. » Lorsque Waschkewitz leur demande ce qu'il est advenu des personnes déportées, ils détournent le regard. « Ils ne savaient pas ce qu'ils devaient me répondre. » Puis, c'est le tour de Waschkewitz.

Cyla, ses parents et ses frères et sœurs sont déportés le dernier jour seulement. Le 19 janvier 1943, un mardi. De bon matin, on les réveille et on les frappe pour les faire monter dans les traîneaux tirés par des chevaux. Le trajet dure deux heures, dans la neige profonde jusqu'à la voie ferrée : vingt mille Juifs, c'est le nombre qui, conformément au plan, doit être déporté quotidiennement, des hommes, des femmes et des enfants. Des wagons à bestiaux les attendent. On leur tend un gobelet de thé. « On vous envoie au travail, à Auschwitz », leur dit-on. Puis les portes sont verrouillées.

* * *

Avaient-ils, avant d'être déportés, une intuition de ce qui les attendait ? Après la guerre, Cyla a rédigé un texte sur cette époque. Elle écrit : « Est-ce que j'avais entendu parler d'Auschwitz quand j'étais dans le ghetto ? Non. De sinistres nouvelles nous étaient déjà parvenues sur ce qui se passait à Treblinka et dans d'autres camps. Il est arrivé à de jeunes hommes de réussir à s'évader et ils ont raconté ce qui se passait dans les camps. C'est par cette voie que bon nombre d'informations sont remontées jusqu'à nous. Ils ont raconté les massacres innombrables, la crémation des cadavres, les coups. Ils nous ont mis en garde contre la déportation et ils ont essayé de nous convaincre de prendre la fuite. Mais si mes souvenirs sont exacts, ils n'ont pas parlé d'Auschwitz. Cela tient peut-être au fait que nous nous trouvions au nord de la

Pologne, assez loin d'Auschwitz. Mais d'un autre côté, nous ne pouvions pas croire ce qu'ils nous racontaient tellement c'était affreux. Nous ne pouvions pas croire que ceci puisse se passer au XXᵉ siècle. Pour nous tous, ils exagéraient. »

Il fait un noir d'encre dans les wagons désespérément bondés dont les fenêtres obstruées par des planches ne laissent pas passer le moindre souffle d'air, la panique se répand, les enfants hurlent.

Cyla reste avec sa famille. Puis les wagons s'ébranlent. Les ongles grattent désespérément les portes verrouillées. Fela Cybulska, d'après les souvenirs de Cyla «une jolie femme de quarante-deux ans», a une crise d'angoisse. Elle se met à pleurer et dit ce que beaucoup savent depuis longtemps, mais que personne dans la famille n'a osé articuler jusqu'ici : «Ils vont nous tuer.» Et elle ajoute : «Pourquoi font-ils cela?»

Son mari, Mordechai, essaie de l'apaiser : «Ils ne peuvent pas faire ça. Les Allemands sont un peuple civilisé. Ce genre de choses ne se passe plus en ce siècle, la barbarie n'existe plus. Ils vont seulement nous faire exécuter des travaux pénibles. Mais pas nous tuer. »

Dans les wagons, dans lesquels il est impossible de trouver une place, de nombreux «enfants et même des adultes» meurent d'asphyxie pendant le voyage, rapporte Arje Waschkewitz. «Lorsque nous sommes arrivés à Auschwitz, la moitié des déportés seulement avait survécu.» Au bout de quelques heures de voyage, le triste convoi s'immobilise enfin.

À quelques kilomètres du camp de Birkenau – la rampe qui conduira plus tard directement dans les crématoires n'existe pas encore –, on les frappe pour les faire sortir des wagons. Un commando formé de prisonniers juifs en uniformes de détenus et conduit par des SS accompagnés de leurs chiens, effraie les survivants des wagons à bestiaux. C'est le chaos total. Au milieu de la pagaille jaillissent des ordres tonitruants. Les arrivants sont profondément perturbés : les chiens font la chasse à ceux qui s'éloignent et les Allemands frappent ceux qui ne tiennent pas sur leurs jambes.

Les déportés hurlent : « Qu'est-ce qui va nous arriver ? » Des détenus les rassurent : « Rien, ne vous faites pas de soucis, vous allez travailler. »

Puis un médecin SS arrive un fouet à la main et passe en revue les victimes.

Deux longues colonnes se forment. Parfois il dit brièvement : « à droite », mais la plupart du temps il indique la gauche. Cyla ne comprend pas ce que signifie la mystérieuse répartition. Lorsque arrive son tour, on lui dit « à droite ». Son père, sa mère et sa sœur sont de l'autre côté, elle a perdu de vue ses frères. « Cyla », crie sa mère et, désespérée, elle fait signe à sa fille de les rejoindre. Cyla n'oubliera jamais cette scène : « Je me mis à courir vers eux. » Mais soudain, un SS furieux donne un coup de matraque sur la tête de la jeune fille et la ramène du côté droit.

« Mon visage a dû lui plaire », croit-elle encore aujourd'hui. Un peu plus tard, elle entend un autre SS dire en passant : « J'ai une fille comme toi à la maison. » Et elle ne comprend toujours pas. « Dommage ! »

Puis ils sont poussés vers des camions qui les attendent et conduits à Birkenau.

Des deux mille personnes qui ce jour-là sont déportées de Zambrow à Auschwitz-Birkenau, les Allemands envoient cent soixante-quatre hommes et cent trente-quatre femmes « à droite ». Les autres, à peu près mille sept cents, sont envoyés « à gauche ».

Tadeusz Borowski qui se trouvait en tant que détenu sur le quai a plus tard raconté une scène semblable : « De plus en plus de personnes passent, les moteurs des camions grondent comme des chiens qui coursent un maraudeur. Des cadavres passent devant mes yeux, on les sort des wagons, des enfants piétinés à mort, des handicapés que l'on entasse avec les morts. Et la foule, la foule!

Les wagons continuent d'arriver, des montagnes de vêtements, de valises et de bagages de plus en plus hautes. Des gens descendent, clignent les yeux dans le soleil, respirent avec avidité l'air pur et frais, quémandent un peu d'eau, grimpent sur les camions, sont emmenés. De nouveaux wagons, de nouveaux prisonniers… »

Et : « C'est une loi qui n'est pas écrite au camp : jusqu'au dernier moment on ment à ceux que l'on envoie à la mort. C'est la seule forme de pitié autorisée. » À Birkenau, des gardiennes SS poussent d'abord les jeunes femmes, nues, dans une salle; dehors il fait un froid glacial – moins vingt-cinq –, et à l'intérieur la gardienne que l'on appelle «Puppmamme» règne avec une lourde matraque.

Les nouvelles venues passent d'abord à la désinfection sous la vapeur chaude, puis le jet de la douche froide les fouette. On leur distribue des vêtements de détenues, on les tond, on leur tatoue leur matricule sur l'avant-bras; tout se passe très vite; la routine du camp. Cyla Cybulska a le numéro 29558. Elle est envoyée dans la baraque 9 du camp de femmes de Birkenau, section BIa; au bout d'un couloir étroit, elle partage avec d'autres détenues un châlit en bois exigu. À côté d'elle Sonia Rotszyld qui ne la quitte pas est une vieille connaissance de Lomza, elles sont allées à l'école ensemble. Les deux amies font rapidement connaissance de la doyenne du bloc, une Tchèque qui se sert de sa matraque sans arrière-pensées à chaque fois que l'occasion se présente.

Au bout d'un moment, Cyla demande à une codétenue, qui semble déjà au camp depuis quelque temps, ce que sont devenus les autres. « Où sont passés mes parents ? Ceux qui ont été emmenés dans les autres camions ? »

Celle à qui elle a posé la question ne répond pas. Sans mot dire elle dirige son regard vers la cheminée d'où s'élève une fumée noire.

* * *

Cyla n'a plus de nouvelles de ses frères depuis son arrivée à Auschwitz. Ils sont jeunes et vigoureux. Ils se sont peut-être tirés d'affaire, espère-t-elle. Cependant personne ne peut l'aider à les chercher. Cyla ne sait pas encore qu'elle ne les reverra jamais. Les bulletins de décès découverts plus tard, correctement remplis et archivés par les nazis, sont instructifs. Le bulletin de décès « Nᵒ 4084/1943 » mentionne à la date du 4 février 1943 : « Le maçon Jakub Cybulski ; de confession mosaïque, demeurant à Lomza, Zielonastrasse Nr 17 est décédé à Auschwitz, Kasernenstrasse, le 28 janvier 1943 à 9 h 50. »

Le frère de Cyla qui n'avait pas été envoyé immédiatement à la chambre à gaz comme ses parents et sa sœur a survécu seulement neuf jours à l'enfer d'Auschwitz. Il meurt à l'âge de vingt-quatre ans, apparemment d'une pneumonie.

« Enregistré sur présentation du certificat rédigé par le médecin, Dʳ Entress, à Auschwitz le 28 janvier 1943. »

Le certificat de décès de Nathan, l'autre frère de Cyla, le présentant comme « le tailleur Nosek Cybulski, de confession mosaïque », est établi quelques jours plus tard, le 17 février 1943.

Raison du décès : « abcès pulmonaire ».

Décédé à « Auschwitz, Kasernenstrasse, le 10 février 1943 à 20 h 05 ».

Enregistré sur présentation du certificat rédigé par le médecin, le Dᵣ Kitt, à Auschwitz, certifié par le fonctionnaire d'état civil, «p.o. Quakernack».

Nathan qui a survécu treize jours à son frère Jakub, et vingt-deux jours à ses parents et à la petite Rebecca, venait juste d'avoir vingt et un ans.

* * *

Le 7 février 1943, Tadeusz Srogi, détenu employé à l'atelier de raccommodage du vestiaire des SS, n'attend plus rien de la vie. Depuis quelque temps, il entretient un contact avec une jeune détenue allemande à laquelle il donne de temps à autre un morceau de viande ou une pomme de terre. Mais la jeune fille qui travaille à la buanderie doit être libérée. Tadeusz lui envoie une lettre grâce à deux codétenus qui sont affectés à la chaufferie et qui leur servent parfois de facteur : il veut lui faire parvenir ses félicitations pour sa libération et lui exprime son désir de rester en contact avec elle après la guerre. Il semble que Tadeusz soit tombé amoureux de la jeune Allemande. Et c'est justement cette lettre que le SS intercepte. La punition ressemble à une condamnation à mort : détention au bloc 11, le bloc de la mort.

À côté du bâtiment en brique rouge se trouve le mur d'exécution de sinistre réputation. Les Allemands y conduisent constamment les «délinquants» pour les fusiller. Les détenus ne peuvent pas observer les exécutions parce que les fenêtres du bloc sont murées, mais ils entendent les coups de feu.

Malgré les tortures, Tadek résiste quelques jours à l'isolement complet, puis il est emmené. La sentence pour son «acte» est un mois de compagnie pénitentiaire à Birkenau. Une sentence qui n'est pas moins dangereuse que l'incarcération au bloc 11.

Il est évident que les Allemands n'ont pas l'intention d'envoyer le prisonnier au travail. Peu après, un médecin allemand fait une piqûre au détenu n° 178. Tadek a de la fièvre, des frissons, il se met à délirer. On n'a jamais su ce qu'on lui avait inoculé.

On transfère Srogi dans l'un des trois blocs de malades de Birkenau. Au bloc 12 se trouvent les convalescents, au 8 les cas graves. On dit de ceux qui sont envoyés au bloc 7 qu'ils ne reviennent jamais plus parmi les vivants. Pendant six semaines, Tadeusz Srogi gît sur un châlit du bloc 8.

Régulièrement, les médecins SS opèrent ici des sélections. Celui qui ne réussit pas à se mettre debout sous le regard scrutateur des médecins est envoyé à la chambre à gaz.

Srogi est complètement épuisé, mais il a de la chance. Une semaine avant la sélection suivante, un codétenu, Zbigniew Kukla, l'emmène avec lui. Il travaille à la cuisine de l'infirmerie et approvisionne Tadeusz en café. « Comme par miracle », Tadek survit à la sélection suivante et retourne au camp principal.

Lorsqu'il y rencontre un SS qui travaille au vestiaire, celui-ci semble très content de retrouver « une vieille connaissance ». Il n'avait pas pensé pouvoir revoir Tadeusz vivant. Maintenant, il fait en sorte que le revenant, un expert au vestiaire, puisse retrouver son ancien poste. Après quelques semaines d'incertitude, au cours desquelles il n'était pas certain qu'il survive au camp de la mort, Tadeusz Srogi reprend sa place au vestiaire des SS. Il travaille dans un des bâtiments qui appartenaient autrefois à la régie des tabacs, là où les détenus ont été tellement persécutés au moment de leur arrivée à Auschwitz.

* * *

À cette époque, il y a tant à faire au moulin que de nouveaux bras sont nécessaires. C'est ainsi qu'un beau jour deux Serbes, Marko et Petro, arrivent. Ils portent des vêtements de travail civils et ont un comportement «bizarre». Ils évitent tout contact avec les autres. Et qui plus est, si un détenu aux vêtements élimés s'approche, ils se planquent. Ils ne parlent pour ainsi dire jamais. Marko donne toutefois l'impression d'être plus ouvert, mais il sent souvent le schnaps. Mössner non plus n'est pas satisfait des deux travailleurs qu'on lui a envoyés.

Au début, les détenus soupçonnent les deux Serbes d'être des espions à la solde des nazis, placés au moulin pour informer leurs maîtres d'éventuels projets d'évasion et dénoncer leurs camarades. Au bout d'un moment, il s'avère que le contact avec les détenus du camp d'Auschwitz a été sévèrement interdit aux deux civils. S'ils ne respectaient pas les ordres, les deux ouvriers pourraient eux aussi devenir à leur tour des prisonniers.

Pourtant un jour un incident éclate. Marko vient trouver Jurek, «blanc comme un linge», et lui demande d'une voix mal assurée où se trouve le responsable du moulin : «Où est Mössner?

– Aucune idée, lui répond Jurek.

– Il faut qu'il vienne immédiatement. Je voulais prendre du pain dans mes affaires et j'ai remarqué que mes vêtements civils ont été volés.»

Peu après, on arrête le travail, et tous les ouvriers doivent quitter le moulin et se rendre à l'appel. Il en manque un : Edek. «Des milliers d'idées» passent par la tête de Jurek : «Mössner va immédiatement déclarer l'incident à la police politique. Il y aura des conséquences. Le bon temps au moulin appartient au passé.»

Mössner est en colère. Jurek ne l'a encore jamais vu aussi furieux.

125

«Pourquoi n'avez-vous pas fait attention? hurle-t-il. Comment cela a-t-il pu se produire?» Puis il disparaît et va téléphoner. «Le travail est terminé pour aujourd'hui, vous pouvez vous en aller», annonce-t-il ensuite en renvoyant les détenus dans leurs blocs. À la porte principale du camp, un Unterscharführer attend déjà le groupe.

«Eh bien, priez Dieu que les choses finissent bien pour vous», dit-il avec arrogance et il emmène les détenus au rapport. Le premier à être entendu est Jorg. Pendant ce temps-là, les autres attendent avec anxiété devant le bureau où se déroulent les interrogatoires.

Ces derniers temps, Jurek a souvent entendu parler de plans d'évasion dont certains apparemment ont bien réussi. Les répressions ne sont plus appliquées avec une cohérence aussi implacable qu'au début, quand il y avait à chaque fois des punitions collectives. «Mais on ne sait jamais ce qu'il peut arriver, se torture-t-il l'esprit, en ruminant la situation avec angoisse. Des banalités suffisent parfois à vous faire condamner à mort.»

Au bout de deux longues heures Jorg, la tête rouge, rejoint ses camarades. «Ce n'est pas drôle, mais ce n'est pas tragique, dit-il pour rassurer ses camarades. Mössner va certainement avoir des problèmes, et les civils aussi.»

Ils sont tous renvoyés dans leurs blocs avec un «coup de pied au cul» : «Vous pouvez foutre le camp.»

La nuit suivante, Jurek ne peut pas fermer l'œil. Il est conscient que c'est au moulin qu'il doit sa survie jusqu'à maintenant. Désormais, personne ne sait ce qui va se passer.

* * *

Le lendemain matin, la situation devient plus claire : les détenus ne retourneront pas au moulin. Au lieu de cela, on les menace de les envoyer dans un commando où un travail physique et pénible les attend. Peu de temps après, le «groupe de Babitz» se retrouve avec d'autres prisonniers dans une carrière.

14

Les premiers jours, voire les premières semaines, à Birkenau dépassent de loin tout ce que les nouveaux venus ont déjà vécu. Ils sont confrontés à la brutalité du camp au cours d'appels qui s'éternisent. Ceux qui ont été « sélectionnés pour le travail » prennent peu à peu conscience qu'on assassine ici systématiquement le peuple juif. À travers les interstices des planches de leurs baraques, ils aperçoivent les longues colonnes de Juifs conduits par leurs gardiens jusqu'aux chambres à gaz. Ils entendent les enfants pleurer et leurs parents tenter de les réconforter. Ils entendent les ordres hurlés par les SS pour que les détenus avancent encore plus vite. La nuit, ils voient les lueurs des flammes dans les crématoires et pendant la journée la fumée noire. Ils savent que leur vie ici n'est qu'un sursis, qu'avant de mourir ils doivent encore travailler pour la guerre allemande. Ils apprennent tous les jours que d'autres détenus se sont effondrés, morts, ou que, dans une ultime manifestation de volonté, ils se sont jetés de leur plein gré sur les clôtures électriques pour ne pas être fusillés par les Allemands. Et chaque jour, au moment de l'appel, ils ont peur que Mengele et ses complices les choisissent pour être liquidés, eux et pas les autres. Ils vivent au jour le jour et essaient de refouler toute pensée qui les ramènerait vers leur famille ou la vie en liberté. À Auschwitz-Birkenau, on est plus mort que vif.

Et pourtant, même dans cet enfer, il y a une progression perverse dans l'horreur. Celui qui a la poisse est affecté à un commando de travail auquel un être humain ne peut survivre que quelques jours, tout au plus quelques semaines, dans lequel l'effort physique est si grand que les hommes, affamés et mal nourris, à bout de forces, arrivent à peine à tenir debout. Nombreux sont ceux qui sont finalement tout simplement abattus par les *kapos*. D'autres, vu leur faiblesse, sont destinés à la chambre à gaz. Et il n'est pas rare qu'une fois dehors ils soient abattus par un SS «pour tentative d'évasion». L'Allemand a ensuite droit à trois jours de permission spéciale.

* * *

Au début, Cyla est affectée à un commando de construction. Le travail est dur : dans la neige profonde, les femmes, pour la plupart jeunes, doivent couper des arbres et abattre avec des outils inadéquats – des marteaux ou des barres de fer – des bâtiments de fermes qui ont autrefois appartenu à des fermiers polonais et doivent désormais venir agrandir le territoire du camp d'extermination allemand.

Cependant, deux ou trois semaines plus tard, elle a de la chance. Un nouveau commando est formé et elle en fait partie. Cyla note que seules des filles jeunes, belles et en bonne santé, ont été choisies. Le groupe quitte Birkenau et se dirige vers le camp principal éloigné de quelques kilomètres. Cyla doit travailler à l'atelier de couture, installé dans l'ancienne bâtisse du monopole polonais des tabacs, à côté du vestiaire des SS dans lequel le détenu Tadeusz Srogi, qui a survécu à son séjour à l'hôpital, distribue les uniformes.

Ici, dans ce qu'on nomme le bâtiment de l'état-major, il fait chaud et on a suffisamment à manger. «Nous pouvions ici avoir une hygiène corporelle. On avait prévu dans le sous-sol une pièce pouvant contenir cinquante prisonniers. Ce n'était pas humide et on dormait sur des matelas individuels», raconte Cyla. De plus, on leur distribuait la même nourriture qu'à leurs gardiennes.

Le travail de Cyla consiste à repriser de vieux sacs de farine. Juste à côté, également installés dans l'ancienne régie des tabacs, se trouvent les entrepôts de céréales. C'est de là que viennent les sacs.

* * *

En mai, Jerzy Bielecki croise le chemin d'une vieille connaissance. Il s'agit du *kapo* Hermann qui, dans les débuts du camp, était responsable du commando dans la cour où se trouvait la réserve de bois. Jurek se rappelle au bon souvenir de Hermann. Celui-ci peut peut-être lui procurer un travail moins éprouvant. Jurek ne veut pas rester longtemps dans la carrière. «Tu es celui qui s'est planqué derrière les piles de bois pendant le travail», lui dit Hermann d'un ton enjoué. Mais il lui promet d'intervenir en sa faveur. Il vient justement d'organiser un commando de fauchage. Jurek, un «ancien» qui parle bien l'allemand, pourrait travailler dans ce commando et en être le chef d'équipe.

Peu de temps après, Jurek se retrouve donc à la tête d'un groupe de vingt détenus qui doit faucher l'herbe autour de la clôture du camp d'Auschwitz-Birkenau pour que les sentinelles dans les miradors puissent surveiller et éventuellement tirer. En tant que chef d'équipe, Jurek est responsable et il doit veiller à ce que tous les détenus exécutent correctement leur travail sans chercher à s'enfuir.

Le travail n'est pas pénible. Au fond il est même agréable de rester au grand air quand il fait beau, et de plus la nourriture est relativement abondante. Il y a même deux portions de soupe.

Ce qui est plus grave, c'est ce que les détenus de ce commando voient dans le camp de Birkenau. À peine à trente mètres de leur lieu de travail se trouve le crématorium. Des créatures ravagées, les « *Muselmänner*», courent dans tous les sens. Un jour, Jurek reste pétrifié face à une montagne de cadavres : à peu près cinquante mètres de long et deux mètres de haut. Les nazis ont entassé leurs victimes comme des bûches, tête bêche. À cette époque-là, les chambres à gaz effectuent leur travail plus rapidement que les crématoires. Les Allemands arrivent à peine à tenir la cadence pour éliminer les cadavres.

«Nous avons à peu près six mille exemplaires de cette vermine ici », hurle le *kapo* Hermann en riant.

Auschwitz, le 30.05.1943
Mes chers parents, mes frères bien-aimés,
Il y a longtemps que je n'ai plus reçu de vos nouvelles, mais je pense néanmoins que tout va bien. Les paquets me parviennent toujours quand vous m'en envoyez. Comme je vous en suis infiniment reconnaissant, tu le sais, n'est-ce pas, ma chère maman? Quand je pense que tes mains chéries ont préparé ce paquet, mon petit cœur pleure de reconnaissance pour ton immense amour maternel. Je pense constamment à vous, mes chéris, et j'ai la très grande joie de vous annoncer que l'on pourra désormais écrire à nouveau deux fois par mois. La prochaine fois, écris-moi, mon cher frère, Lesiu, ce qui se passe chez vous et comment vous allez. Mon cœur ne bat que pour vous et vous envoie à vous tous et à toute la famille des baisers et mille caresses affectueuses.
Votre fils qui vous aime, Jurek

Vérifié – 6 – KL Auschwitz

131

* * *

Mais un incident se produit dans le commando de fauchage. Un jeune détenu est en train d'aiguiser sa faux lorsqu'un Allemand ivre s'approche au galop sur son cheval et renverse le prisonnier sur le sol. Du sang coule de la blessure que le malheureux s'est faite en tombant. « Qu'est-ce que c'est que cet imbécile qui s'embroche lui-même sur sa faux ? hurle l'Allemand qui ordonne : Filez avec lui à l'hôpital ! » Jurek choisit quatre hommes vigoureux et le fait transporter à l'hôpital.

Après son travail au commando de fauchage, Jurek est affecté en tant que serrurier dans l'un des groupes de l'intendance, et il est également chargé de réparer les motos des SS. C'est Hermann qui a aidé Jurek à obtenir ce poste, et de fait, les conditions de travail sont supportables. Le nouveau *kapo*, un vieil homme de haute Silésie qui parle parfaitement l'allemand et a travaillé autrefois dans une usine connue qui fabriquait des wagons de chemin de fer, n'est pas agressif. Il a été envoyé au camp parce qu'il a apparemment participé à des actions de sabotage.

À proximité se trouvent des entrepôts où sont conservés les fourrages pour les animaux, des rutabagas, des betteraves rouges et des pommes de terre dans lesquels les détenus se servent en cachette. Le Kommandoführer SS ne semble pas s'intéresser particulièrement à ses hommes.

C'est ainsi que par un jour de septembre ensoleillé, Jurek s'apprête à aller se chercher quelques pommes de terre. Mais à peine a-t-il fermé la porte derrière lui qu'il se retrouve face à face avec un SS gigantesque.

« Où veux-tu aller ? interroge-t-il. Tu travailles de nouveau ici ?

– Oui, Herr Oberscharführer. »

Le vélo de l'Allemand est appuyé contre le mur. Le pneu avant est dégonflé.

«Je peux peut-être regonfler le pneu», s'empresse de faire remarquer Jurek.

Mais l'Allemand fait signe que non : «Le pneu est foutu. J'essaie sans cesse de le réparer.»

Jurek insiste et au bout d'un moment l'Allemand cède.

«Je vais y arriver, promet Jurek, je vais vite chercher ce qu'il me faut à l'atelier. Mais surtout n'en parlez pas à mon chef.»

Sur ce, il se met au travail; en récompense de sa complaisance, il reçoit un paquet de cigarettes.

Il a l'impression d'avoir déjà vu le visage de l'Allemand quelque part. Et il semble que ce soit réciproque.

«Tu n'étais pas dans le commando chargé du fauchage?» demande-t-il.

Jurek se rappelle subitement : «Vous étiez l'homme à cheval.»

Le SS semble gêné : «Tu te rappelles le jeune prisonnier que j'ai renversé? Il s'était blessé avec sa faux.

– Oui, je m'en souviens.» Jurek s'occupe avec la roue.

«Comment va-t-il?

– Il a survécu. Il est resté quelques semaines à l'infirmerie du bloc, puis il s'est remis de ses blessures. Il travaille aujourd'hui à l'entrepôt de pommes de terre; il va bien.»

Jurek croit lire un sentiment de soulagement sur le visage du SS : «Dis au garçon que je regrette cet incident, j'étais complètement ivre.»

La roue est réparée. Après avoir fait un petit tour pour l'essayer, l'Allemand revient :

«Dis-moi, tu ne préférerais pas un travail plus facile?

– Si, surtout si c'est un bon commando.»

L'homme prend congé de Jurek en emportant sur un bout de papier son nom et son matricule. «Un de mes amis est le chef du commando des entrepôts de céréales.

Ils ont besoin d'un garçon dégourdi qui parle allemand. Tu es un prisonnier qui a de l'expérience. Ton matricule va lui plaire. »

* * *

Deux jours plus tard, le doyen du bloc met une feuille de papier dans la main de Jurek : son affectation aux entrepôts de céréales. Il doit commencer le lendemain.

Trente prisonniers travaillent dans cet entrepôt qui se trouve sur le terrain de la régie des tabacs. Jurek constate avec soulagement qu'ils donnent tous l'impression d'être en bonne santé, la nourriture doit donc être suffisante. Les vêtements sont corrects. Les collègues fréquentables. Seul le contremaître, un Slovaque trapu au visage constamment rouge, hurle sans arrêt. Au rez-de-chaussée des entrepôts, dix détenus travaillent. C'est ici que les céréales sont transformées en nourriture pour le bétail. Au premier étage se fait le tri. Les services centraux se trouvent au deuxième étage, et donc aussi le bureau du commandant du commando, Paul Pomplun.

Au premier coup d'œil, le nouveau chef ne semble pas très sympathique. Il a la quarantaine, la pipe à la bouche, des yeux bleus très clairs, le cheveu ras, la trogne rouge d'un ivrogne, des jambes arquées et les oreilles décollées.

« Alors, c'est toi le nouveau, dit-il en s'adressant à Jurek.

– Oui, Herr Kommandoführer. »

Puis la conversation s'engage. « Tu parles bien l'allemand. Où as-tu appris ? demande-t-il, et il laisse échapper une bordée de jurons quand Jurek lui répond qu'il a appris au lycée. Au lycée ? Je croyais qu'on allait m'envoyer un professionnel ; j'ai besoin d'un paysan, pas d'un lycéen ! »

Mais Jurek réussit à apaiser l'Allemand ; il lui dit qu'il s'y connaît en agriculture parce que ses parents viennent d'une ferme. Pomplun rit, conciliant : «Bon, ça va, mon copain devait bien savoir ce qu'il faisait en te recommandant ici. Il faut que tu apprennes. Tu vas d'abord aider le secrétaire.»

Pomplun n'est pas si terrible que ça, se dit Jurek tout en suivant l'Allemand qui se dirige vers le secrétariat qui jouxte son bureau. C'est une pièce étroite et si sombre que, même dans la journée, il faut laisser la lumière allumée. Contre le mur, il y a un bureau sur lequel se trouvent quelques blocs de papier et des reçus. Le détenu qui travaille ici et qui est désormais le nouveau collègue de Jurek s'appelle Janek.

Jurek a vite repéré que, comme lui, Janek a un matricule à trois chiffres. Ils ne tardent pas à devenir amis, ils ont l'impression d'être des vétérans. «C'est bien que tu sois ici, dit Janek. Le travail va te plaire. Chacun fait son boulot et personne n'a de problèmes. On n'a pas à avoir peur de Pomplun et des *kapos*, ajoute-t-il, quand ils ont suffisamment à manger, ils oublient tout le reste. Seul Pepik, c'est le surnom de Pomplun, est parfois difficile. Il boit trop. Et quand il a trop bu, il cherche des noises.»

Janek explique aussi qu'en plus de Pomplun il y a encore deux autres SS, le Rottenführer Tietze sur la recommandation duquel Jurek est arrivé dans ce commando, et le Hauptscharführer Dziadek que tout le monde appelle «Pépé», car il a déjà soixante-sept ans. «Pépé est le moins dangereux, ajoute Janek. Il reste tout le temps assis dans le réduit qui lui sert de bureau et ne s'intéresse à rien.»

Puis Janek emmène Jurek faire le tour des entrepôts. À cette heure, la grande salle est presque vide. Dans un coin, des sacs de céréales sont empilés. Le sol a été balayé, Jurek est impressionné par la propreté. Sous une autre halle, des détenus trient les différentes sortes de grain et les font sécher. «Une partie de la récolte est chargée sur des wagons et acheminée vers l'intérieur du Reich, explique Janek. L'autre partie est dirigée vers le moulin de Babitz.» Elle permet également d'approvisionner des paysans des environs et quelques pisciculteurs. Jurek s'y connaît depuis qu'il a travaillé au moulin. Tout en poursuivant leur conversation, les deux détenus arrivent au premier étage.

15

Janek a à peine posé la main sur la clenche de la porte que celle-ci s'ouvre, poussée de l'intérieur. «Qu'est-ce que c'est que cette procession?» bredouille Jurek, sans en croire ses yeux : devant lui défilent dix filles, toutes incroyablement «jolies et en bonne santé». À la place du treillis des détenus, elles portent des vêtements bleu marine avec une rayure rouge dans le dos et des tabliers gris. Sous les fichus, les cheveux un peu moins ras qu'il est d'usage frisottent. Même quand apparaît le Rottenführer Tietze, les filles continuent à bavarder et à rire au lieu de se taire terrorisées, comme c'est habituellement le cas au camp.

Jurek s'étonne de ce qui lui vient à l'esprit : ces créatures étranges lui font penser à des papillons. Curieuses, coquettes même, elles le dardent de leurs regards : tiens, tiens, il est comme ça le nouveau!

L'une d'entre elles est différente du reste du groupe. Elle est brune, elle a le teint plus mat que les autres et des «yeux noirs de tzigane». Leurs regards se croisent, la fille sourit, puis lui fait un clin d'œil avant de disparaître avec les autres dans le couloir.

Cela n'a duré qu'un instant, mais Jurek a l'impression de sortir d'un rêve. Une jeune femme lui a souri. C'est la première fois depuis qu'il a été arrêté à Nowy Sacz. La première fois depuis quatre années et cinq mois. Il se sent totalement submergé par ses sentiments, son cœur bat la chamade, «un frisson glacé» lui parcourt le dos.

Depuis quatre ans et demi, les femmes n'ont existé que dans ses rêves ou dans les histoires grossières qui se colportent de bloc en bloc. On raconte parfois qu'il y a un bordel au camp, mais Jurek n'y est jamais allé. On parle d'aventures secrètes avec des femmes détenues puisque depuis quelque temps il y en a au camp. Des récits avec force détails qui ne correspondent pas à la réalité, c'est du moins ce que croit Jurek.

Une émotion tendre, un regard chaleureux, un flirt rapide, à Auschwitz on oublie que tout cela existe. Ce qui à l'extérieur fait partie du quotidien semble ici complètement fou, comme si cela appartenait à un autre monde, à un monde imaginaire.

Jurek reste un moment planté là, puis il bafouille : « Qu'est-ce qui se passe ? Qui sont ces femmes ?

– Ah, tu ne le sais pas ? s'étonne Janek. Elles travaillent ici, elles reprisent les sacs de jute. Il y a toujours beaucoup à faire. Dans les entrepôts, il y a une rotation de près de dix mille sacs de céréales. » Le SS Tietze les conduit chaque jour du bâtiment de l'état-major à l'entrepôt où elles travaillent. Janek ne peut pas s'empêcher de rire lorsqu'il remarque le visage transfiguré de Jurek : « Fais attention de ne pas tomber amoureux de l'une des Juives, prévient-il. Elles savent entortiller les garçons. » Trop tard. « Je ne suis pas un saint », lui rétorque Jurek.

* * *

L'un des détenus responsables du commando des « réserves des aliments pour le bétail » s'appelle Marian Wudniak, c'est un homme que Jurek trouve immédiatement sympathique. De ce côté-là, les conditions semblent tout à fait favorables. Seuls des « anciens détenus privilégiés » travaillent dans ces entrepôts. La plupart d'entre eux donnent l'impression d'être bien nourris. Celui qui a l'air le plus faible est Wudniak lui-même.

On présente Jurek à tout le monde. À son poste, l'adjoint de Pomplun s'ennuie ferme. « Fais-lui voir l'ensemble », ordonne-t-il à Janek qui poursuit la visite en compagnie de Jurek.

Il lui montre ensuite les autres locaux. Dans la cuisine, trois Russes travaillent. Le cuisinier s'appelle Stasio, c'est un jeune garçon de seize ans qui ne tient pas en place, il est occupé à faire cuire sur une plaque électrique des pommes de terre, de l'orge et des boulettes pour tout le commando, et remplit un seau.

Au bout d'une heure, la visite est terminée. Jurek est perplexe. « Pourquoi Pomplun fait-il tout ce cinéma avec moi, interroge-t-il. Tu me montres chaque recoin comme si j'étais un inspecteur !

— Je crois que le chef a un projet tout particulier à ton sujet répond Janek. Peut-être veut-il se retirer et te transmettre le commandement. Il ne s'en sort pas bien avec nous depuis qu'il boit, il s'est déjà fait engueuler. Avant-hier un Oberscharführer est venu, c'est un ami de Pomplun. J'ai eu l'impression qu'ils avaient prononcé ton nom au cours de leur conversation. »

Puis ils arrivent près d'une cloison en planches. « C'est là, derrière, que les filles réparent les sacs, explique Janek. Lorsqu'elles sont dans la pièce, c'est toujours Tietze lui-même qui ferme la porte. Il est en effet interdit d'avoir un contact avec les femmes. » Mais, rusé, il ajoute : « Bon, Tietze ferme la porte à triple tour, et nous l'ouvrons quand même. » Il faut bien apporter à manger à ces dames et « de plus, on peut agréablement discuter avec elles ». Jurek lui jette un regard un peu incrédule. « Nous le faisons bien sûr si décemment que les SS ne remarquent rien. Mais même s'ils savaient ce qui se passe, ils fermeraient les yeux. » Dans le jargon des entrepôts, le local où les détenues exécutent leurs travaux de couture s'appelle « Kurnik, le poulailler ».

On mange à 13 heures aux entrepôts. À cette heure-là, les SS disparaissent tous ensemble au mess. «Leurs estomacs nous indiquent l'heure», fait remarquer Janek. Et c'est justement le cas. Stasio arrive avec un seau d'orge et quand ils se sont tous rassasiés, Janek se redresse fièrement.

«Maintenant nous allons porter quelque chose aux filles», dit-il sur le ton de la camaraderie et il disparaît avec Jurek en faisant cliqueter les gamelles en direction du «poulailler». Stasio fait le guet tandis que les deux «anciens» se consacrent au sexe féminin. «Voici Jurek, notre nouveau, dit Janek en préambule et il présente une blonde un peu plus âgée à Jurek. Hélène, la chef. C'est une Juive française d'origine polonaise.»

Jurek ne se sent pas à l'aise, les filles le fixent et il ne sait pas quoi dire.

«Et alors? dit Hélène en plaisantant. Avec quoi vous allez nous empoisonner aujourd'hui?»

Janek vante les qualités de la nourriture, pourtant Hélène fait la tête : «Encore de l'orge. Vous ne pouvez pas nous apporter un jus de fruit un jour?»

Jurek regarde autour de lui. Non, ces filles n'ont rien à voir avec les silhouettes squelettiques de Birkenau. Puis il découvre les yeux noirs qui lui ont fait un clin d'œil le matin.

«C'est celui qui t'a tant plu ce matin, chuchote une fille à la belle.

– Comment t'appelles-tu? lui demande maladroitement Jurek. D'où viens-tu?»

La fille rougit. Ses copines répondent à sa place : «Elle s'appelle Cyla et elle vient de Lomza, c'est une bonne fille.» Cyla ne peut pas s'empêcher de sourire; c'en est fait de Jurek. Quand il quitte la pièce en compagnie de Janek, ses pensées sont obnubilées par la petite aux boucles brunes.

Le reste de la journée passe vite. Jurek observe avec attention le déroulement du travail. Des charrois chargés de céréales arrivent en provenance des fermes avoisinantes, ils repartent avec du fourrage pour le bétail. À chaque fois, des bons de livraison doivent être établis. Le travail de bureau que Jurek doit désormais effectuer n'est pas difficile.

Pourtant Pomplun et Tietze, qui cet après-midi-là disparaissent pour aller se soûler, sont gênants. Ils reviennent dans un grand fracas et s'en prennent aux détenus. « Voilà comment ils sont les SS, constate Janek d'un ton méprisant. Ils se planquent pour ne pas aller sur le front de l'Est, et ici ils se comportent comme s'ils avaient des choses incroyablement importantes à faire. »

Quand il a bu, Pomplun se dispute toujours avec Karl, le *kapo*. Ils ne s'aiment pas tous les deux. La raison en est leur passion commune pour l'alcool. Pomplun déteste Karl car celui-ci est avare et ne veut pas lui donner de son schnaps. Lorsque Karl se procure une bouteille de vodka coupée d'alcool à brûler, il se creuse la tête pour trouver une bonne cachette. Un jour, la dispute se transforme en véritable bagarre parce que Pomplun, assoiffé, a fauché une bouteille à Karl.

Dès que l'occasion se présente, Jurek se faufile vers l'atelier des femmes. Il peut parler avec Cyla au travers d'un trou dans une planche ; quelquefois il la rencontre aussi lorsqu'on emmène les détenues aux toilettes. Et quand c'est possible, il utilise la pause de midi pour s'approcher d'elle prudemment. Cyla lui confie tout ce qu'elle a sur le cœur. Elle raconte à Jurek le destin de sa famille. Maintenant, elle est aussi au courant du décès de ses frères, elle est donc la seule survivante « d'une grande famille heureuse autrefois ». Jurek lui caresse tendrement les cheveux et dépose sur sa joue un premier baiser timide. En dehors de Regina et Sonia, ses deux amies, elle n'a plus personne au monde, dit-elle en éclatant en sanglots.

Les conditions relativement agréables dans les entrepôts de céréales et aussi son attirance pour Cyla persuadent Jurek qu'il pourra survivre au camp, qu'il le faut.

Très chers parents, mes frères chéris, écrit-il le 12 septembre 1943. J'ai reçu votre dernière lettre, il y a quelques jours. Elle était si douce et tendre qu'elle m'a procuré une grande joie. Il faut que je vous avertisse tout de suite que dorénavant, seuls deux colis hebdomadaires de nourriture sont autorisés. Aucun colis ne doit dépasser dix kilos, ni contenir plus de quinze cigarettes ou cinquante grammes de tabac. Maman, tous les colis que tu m'envoies me parviennent régulièrement et correctement. Je suis très heureux qu'à la maison vous soyez tous en bonne santé. Moi aussi je me porte très bien. Seulement je m'ennuie beaucoup de vous et pense constamment à vous, mes chéris. Mais je n'ai pas perdu l'espoir que les temps viendront où nous serons à nouveau réunis.

Transmettez mes salutations affectueuses à toute la famille et aux amis. Pour vous qui êtes ce que j'ai de plus cher, mes frères et mes parents, mes baisers les plus tendres. Je vous serre dans mes bras.

Votre fidèle Jurek

16

Avec le temps, Cyla s'est mise à occuper une place de plus en plus importante dans la vie de Jurek. Jour après jour, il attend toujours plus fébrilement l'heure du repas de midi, lorsque les SS s'en vont à la cantine; il peut alors se rapprocher de sa bien-aimée. Ils profitent tous les deux de chaque minute de tranquillité. Dans toute l'horreur qui les entoure, cette relation amoureuse inespérée leur offre un refuge. Et Jurek n'est pas le seul à faire cette expérience.

Un autre détenu se rend également régulièrement auprès des jeunes filles de l'atelier de couture : Tadeusz Srogi qui travaille au vestiaire. Jurek et Tadeusz ne tardent pas à se lier d'amitié. Ils se connaissent tous les deux déjà depuis quelques années. Là, sur le terrain de l'ancienne régie des tabacs, ils se sont partagé un matelas en juillet 1940 quand Auschwitz voyait le jour, puis ils se sont perdus de vue. Maintenant ils se découvrent d'autres points communs. Tadek est amoureux lui aussi, de Regina, une jolie fille un peu pâle de dix-sept ans, au nez retroussé; ses sourcils ont une courbe élégante, elle est élancée et les traits de son visage « n'ont rien de sémites », se souvient Tadeusz Srogi aujourd'hui encore. Elle vient elle aussi de Lomza et forme avec Cyla et Sonia un véritable trio. Jurek et Tadek se retrouvent régulièrement, ils ne tardent pas à devenir inséparables.

Dans les entrepôts de céréales, Jurek n'a pas de problèmes. Pomplun – il a eu vite fait de s'en apercevoir –

apprécie son travail consciencieux et son intelligence. Il exécute les travaux qui lui sont confiés pour donner satisfaction à son chef. Tout à fait le contraire du *kapo* slovaque Karl qui se querelle toujours avec Pomplun.

C'est encore ce qui se passe un jour d'automne 1943. Karl s'est, une fois encore, rendu en cachette chez « sa fille », une prostituée allemande du nom de Erna, une détenue comme lui chargée de responsabilités. Chez elle, il échange des montres contre du schnaps. Lorsque Pomplun écumant de rage arpente les entrepôts à la recherche de son *kapo*, il finit par le trouver ivre mort écroulé dans un coin ; furieux, Pomplun fulmine. Il n'a pas besoin d'un poivrot ni d'un maquereau dans son commando, hurle-t-il, et annonce qu'il va envoyer Karl à la baraque disciplinaire. Tout compte fait, ajoute-t-il, c'est aussi dans l'intérêt des autres détenus de travailler « dans un bon commando ». Toutes les interventions de Janek et de Jurek pour essayer d'épargner le pire au *kapo* qu'ils détestent restent vaines. Pomplun fixe Jurek, puis déclare sans préambule : « Jurek, désormais, c'est toi le *kapo*. »

Tandis que les autres retournent à leurs occupations, Jurek est convoqué dans le bureau du chef. « Alors, tu es satisfait de mon choix ? » lui demande-t-il content de lui-même.

En 1943, le rôle des *kapos* dans le camp n'est plus le même qu'au début. Certes, la plupart d'entre eux continuent à tyranniser les détenus dont ils ont la responsabilité et se font l'instrument des nazis. Mais depuis une bonne année il arrive de plus en plus fréquemment qu'ils soient envoyés au front dans la « division Dirlewanger », connue pour sa cruauté et utilisée principalement pour combattre les partisans à l'Est. En conséquence, ce sont de plus en plus souvent des « politiques » polonais qui reprennent les fonctions des *kapos* et ils essaient d'user de leur influence pour soutenir leurs codétenus et changer le climat du camp. Malgré cela, l'idée de devenir *kapo* est insupportable à Jurek.

«Je n'en ai pas les capacités», bredouille-t-il dans le bureau de Pomplun. Mais le chef ne veut rien entendre. S'il en a ou non les capacités, c'est lui le chef qui peut en décider. Il y a suffisamment longtemps qu'il observe Jurek. «Tu n'es pas bête. Qu'est-ce que tu fais à glander dans la paperasserie?» En outre il fera beaucoup plus l'affaire que Karl, il est apprécié par tout le monde et pourra veiller à ce que la paix règne dans le commando. Bien sûr – Pomplun hausse les épaules –, il pourrait aussi lui mettre un droit commun comme *kapo*. «Jupp» savait bien ce que cela signifiait.

«Oui, chef», lui répond Jurek, flatté, quoique pro-fondément perturbé; il réussit malgré tout à imposer une condition : il ne portera pas le brassard infamant des *kapos* sur sa manche.

Il s'avère quelque temps après que cette nouvelle fonc-tion n'est pas si terrible. Jurek continue comme aupa-ravant à aider Janek dans son travail de bureau, il est toujours pour ses codétenus «Jurek» au lieu de «Herr *kapo*» et s'assure ainsi le respect des autres. D'autre part, il est chargé de surveiller les livraisons. Et, ce qui est le plus important : l'accès à Cyla et à ses compagnes est beaucoup moins compliqué qu'auparavant. Parfois, Tietze lui laisse les clés du «poulailler» et il peut ainsi maintenir le contact sans problèmes et veiller à ce que les filles soient approvisionnées en nourriture, médicaments et nécessaires hygiéniques.

Tadek lui non plus ne rencontre pas de difficultés particulières. Tietze et Pomplun sont bien entendu au courant de ses excursions amoureuses auprès de Regina, mais ils le laissent en paix. En contre-partie ils sont approvisionnés par le « matricule 178 » en uniformes plus beaux, si bien que les vaniteux SS peuvent désormais parader dans le camp dans de beaux atours.

Bien sûr, les nouvelles qui viennent de Birkenau sont effrayantes. Ce qui se déroule à seulement quelques kilomètres de distance n'échappe pas aux prisonniers du camp principal.

L'avancée des troupes est stoppée depuis longtemps, les détenus savent que l'Armée rouge continue sa progression vers l'Ouest et que la sixième armée allemande s'est fait mettre en pièce à Stalingrad. Mais l'extermination des Juifs est poursuivie à un rythme qui ne ralentit pas. On dirait que les nazis assassinent de façon encore plus fanatique dans la perspective du naufrage à court terme de leur troisième Reich. De toute l'Europe, les convois organisés par Eichmann font route vers Auschwitz, de Grèce, de Norvège, de Croatie, de France, de Belgique, de Hollande et de Slovaquie.

* * *

Jurek n'a pas perdu espoir de survivre au camp. Il est un « ancien », il a de nombreux contacts. Physiquement, il ne se porte pas mal et il sait que le Reich nazi est en pleine désintégration. Il ne peut cesser de s'inquiéter du sort réservé à Cyla. Il pense déjà à l'après-guerre. À leur amour, à une vie dont la peur sera absente. Au mariage, peut-être même aux enfants. Mais il sait que Cyla, qui est juive, est depuis longtemps condamnée à mourir ici.

Il regarde par la fenêtre. L'hiver s'est installé. Le quatrième hiver de Jurek à Auschwitz. La neige est tombée dès le mois de décembre. Dehors, on presse les détenus vers leur lieu de travail. Il entend derrière lui la voix de Tietze.

«Pourquoi es-tu si triste, Jurek? demande-t-il. Tu n'as pourtant pas de raison de l'être : ici à l'intérieur il fait chaud et tu as une fille qui t'aime, Cyla.

– Vous ne vous réjouissez pas que j'aie cette fille.

– Bien sûr que si, je me réjouis de votre bonheur. J'ai été jeune, moi aussi. Il est seulement dommage que Cyla soit juive. »

L'hiver prend fin, mais le crime, lui, ne prend pas fin. Arthur Liebehenschel, qui a succédé à Rudolf Höss au camp principal, est lui-même remplacé en mai 1944 par Richard Baer. La situation s'est un peu améliorée et Jurek saisit de plus en plus souvent des propos des SS qui commentent l'effondrement de la domination nazie. Parmi les détenus circule un slogan déjà optimiste : «Plus le soleil est haut, plus Sikorski est proche. »

À Birkenau, les choses vont leur train meurtrier. Cent mille Juifs hongrois sont amenés au camp et assassinés dans les chambres à gaz.

Bogdan Kowalczyk, un ancien codétenu, vient voir Jurek. «Voici venu notre temps», dit-il confiant en voyant le front se rapprocher. Mais au cours de leur conversation, Jurek est frappé de stupeur. Bogdan l'informe incidemment qu'il aide même maintenant au «déchargement» des convois de Juifs. On peut à peine s'imaginer ce qui se passe, dit-il. Un étrange sentiment de fierté pour sa complicité avec les nazis se glisse dans la voix de Bogdan. «Les Juifs hurlent comme des sauvages quand on les sort des trains. » Les temps sont durs pour les Juifs, conclut-il gaiement avant de demander à Jurek des nouvelles de son amie Cyla. «Alors, toujours amoureux de la petite de Lomza? demande-t-il avant d'ajouter qu'il suppose qu'il ne s'agit certainement pas de quelque chose de sérieux : Tu sais bien que c'est ridicule. »

La nuit suivante, Jurek se réveille en nage. Il a fait un cauchemar, il a encore des images effroyables dans la tête qui ne le lâchent pas : Cyla, au milieu d'un groupe de femmes, est emmenée à la chambre à gaz. Puis elle disparaît. Après cela il ne peut plus se rendormir.

Il ne fait que penser à Cyla, elle est pour lui l'être le plus important au monde, son «rayon de soleil».

Lorsqu'il rencontre la jeune fille le lendemain matin dans le couloir, il presse la tête de Cyla contre sa poitrine. «Tu m'étouffes presque», dit-elle inquiète. Elle devine qu'il est arrivé quelque chose. Puis les larmes lui montent aux yeux. On dirait qu'elle a deviné le cours de ses pensées. «Tu sais ce qui se passe à Birkenau. Tu sais que chaque jour des milliers d'êtres humains sont brûlés. Ils ne s'arrêtent jamais.» Puis elle ajoute : «Dis-moi, qu'allons-nous devenir?»

Jurek ne sait que répondre. Cette question, il se l'est si souvent posée, elle occupe le centre de ses pensées. Mais il n'a toujours pas de réponse. Pour le moment il se contente de dire : «Ne te fais pas de soucis, je te ferai sortir d'ici.»

Cyla le regarde sans mot dire. Et Jurek lui est reconnaissant «d'accepter tout simplement ses paroles et de ne pas les prendre pour une mauvaise plaisanterie».

17

C'est bien à ce moment-là, dans le couloir, que ce qui n'était encore que spéculations abstraites dans l'esprit de Jurek commence à devenir un projet bien concret. Au début il est embarrassé. Il n'a pas la moindre idée de ce qu'il doit faire pour que la promesse faite à Cyla devienne réalité. Et pourtant il sait qu'il n'a pas le choix. Il doit tenir sa promesse, sauver Cyla et leur amour à tous les deux. Maintenant c'est un devoir.

Combien de nuits blanches a-t-il passé à se retourner sur son châlit du bloc 16a, à se creuser la cervelle pour trouver le plan qui leur permettra à tous les deux de s'échapper du camp de la mort. Il a envisagé toutes les situations, mais depuis quelque temps il se concentre sur une seule et unique version.

Jurek doit se procurer auprès de Tadek un uniforme de SS et quitter Auschwitz comme s'il était allemand. Il ferait passer Cyla pour une détenue qu'il escorte pour un interrogatoire. C'est la seule façon de franchir sans difficultés l'enceinte du camp et les postes de contrôle des sentinelles.

Ce projet a l'air absurde, mais Jurek est convaincu qu'il est l'unique possibilité pour que l'évasion réussisse. Il retourne sans cesse tous les points de détail, découvre des risques auxquels il n'a pas pris garde dans ses premières réflexions. Il doute et remet automatiquement en cause son projet d'évasion.

Pour pouvoir exécuter ce plan, Jurek doit mettre Tadek au courant. Peut-il lui faire confiance ? Jurek est sûr que oui. Srogi est aussi un «ancien», il est devenu son meilleur ami. Mais peut-il prendre le risque de mettre Tadek en danger en l'impliquant dans son évasion? Est-ce que Tadek serait capable de lui procurer un uniforme? Il faut qu'il lui pose la question, car en ce moment il y a une opportunité : le vestiaire abrite justement des uniformes pour trois à quatre mille SS.

Pourra-t-il être crédible dans son rôle d'Allemand? Certes, son allemand est devenu, contraint et forcé, encore meilleur, mais il a conservé un léger accent. Il doit se faire passer pour un Volksdeutsch de Roumanie ou des pays baltes. Cela pourrait justifier sa prononciation. Peut-il faire confiance à Cyla? Il doit la convaincre que son évasion est sa seule chance de survie. Mais l'extrême nervosité de la jeune fille peut compromettre le projet.

Pourrait-il éventuellement être reconnu par d'autres détenus ou par des Allemands? Bien sûr le risque n'est pas à écarter. En tout cas, Jurek doit se procurer des lunettes de soleil.

Qu'en est-il des papiers indispensables? Comment financer l'évasion? Existe-t-il en dehors du camp des alliés qui peuvent les aider tous les deux? Jurek se pose d'innombrables questions. Mais il y en a pourtant une qu'il ne se pose pas : il ne se demande pas si Cyla vaut la peine de prendre le risque peut-être mortel de s'évader.

Quelques jours plus tard, Jurek met son ami dans la confidence. Il l'enferme nerveusement dans le hall vide pendant la pause de midi.

«Il s'est passé quelque chose? s'inquiète Tadek.

– Ce que je vais te raconter, il faut absolument que tu le gardes pour toi, exige Jurek avant de continuer. Si tu fais pour moi ce que je vais te demander, je t'en suis déjà reconnaissant. Sinon, il n'y a pas de problème.

– Bon, alors dis-moi de quoi il s'agit.

– Il s'agit d'un uniforme de SS complet.

– Pourquoi en as-tu besoin? demande Tadek.

– Pour mon chef.

– Dis-lui de venir demain.

– Non, non, il faut que ce soit une surprise.

– De quoi s'agit-il réellement?

– J'en ai besoin pour moi, répond Jurek.

– Ils vont nous pendre. Tu le sais bien. Tu veux te faire la malle avec Cyla. C'est ça? Dis-le-moi!»

Auschwitz, le 14 mai 1944

Mes parents chéris, mes frères aimés,

D'abord je vous remercie très affectueusement pour les vœux que vous m'avez envoyés récemment pour ma fête. La dernière photo que j'ai reçue m'a procuré une grande joie. Je suis heureux quand vous m'envoyez photos et nouvelles, quand vous m'écrivez qu'à la maison vous vous portez tous bien et que tout va pour le mieux.

Je continue à être moi aussi en bonne santé et chaque jour m'apporte un espoir encore un peu plus solide qu'arrivera bientôt le moment tant attendu où nous nous reverrons.

Je rêve très souvent à vous tous et alors je suis très, très joyeux et heureux de vivre. Je reçois régulièrement vos colis et sans trop de retard. Maman, je te remercie tout particulièrement de continuer à prendre soin de ton fils aîné.

De nombreuses salutations à toute la famille et aux amis.

Mille baisers de votre fils et frère qui vous aime.

Jurek

P.-S. – J'attends la prochaine photo.

* * *

Il ne faut pas longtemps pour faire de Tadek le complice de Jurek. Comme deux conspirateurs, ils se retrouvent de plus en plus souvent pour élaborer des plans d'évasion.

Peu de temps après, Tadek vient voir son ami. Il tremble de tout son corps. « Prépare une cachette, bredouille-t-il, je vais t'apporter l'uniforme. » Comme des uniformes sont fréquemment échangés ou raccommodés, cela ne se remarquera pas si petit à petit des pièces disparaissent. Il va essayer, dit-il, de sortir en fraude du vestiaire les différents éléments de l'uniforme, en les dissimulant sous sa veste. Jurek doit seulement se préoccuper de trouver une cachette appropriée.

Ils ne parlent déjà plus des conséquences éventuelles de leur entreprise. Ils ont déjà tellement vu de détenus qui après l'échec de leur tentative d'évasion ont dû faire le tour du camp, un écriteau suspendu à leur cou : « Hourra, je suis de retour ! » Ils ont vu les grimaces stupides des bourreaux qui ont conduit à travers le camp leurs victimes tellement humiliées. Et pour finir ils ont vu leurs camarades pendus au gibet. Ils savent tous les deux ce qui les attend s'ils échouent.

Jurek a repéré une bonne cachette. En haut, dans le grenier des entrepôts où l'on conserve les semences de quelques plantes rares, des planches ont été déposées le long d'un mur, sans être fixées. Si on les pousse de côté, on découvre une cavité qui devrait être suffisamment grande pour y cacher l'uniforme. Devant les planches, il y a quelques sacs contenant des semences.

Le lendemain Jurek se faufile vers la cachette équipé d'un sac, de ficelle et d'outils. Il sépare les planches et attache le sac à la ficelle de façon à ce qu'on ne remarque rien si on regarde dans le trou. Le sac pend. Pour l'atteindre, il suffit à Jurek de tirer la ficelle.

***

Jurek est tellement anxieux ces jours-là que Cyla s'inquiète de ce qui lui arrive. « Ah, ce n'est rien, dit-il pour la rassurer, et il ajoute en la quittant : Dans quelques semaines tu sauras tout. »

Il l'aurait volontiers mise au courant. Mais cela lui semble trop dangereux. Dorénavant, il évite le sujet quand il est avec elle. Quelques jours après, Tadek revient voir son ami. « C'est important », annonce-t-il. Puis lorsque l'occasion se présente, ils disparaissent tous les deux dans un recoin et Tadek, nerveux, sort d'une poubelle une veste d'uniforme cachée sous des détritus. Jurek serre le vêtement contre sa peau sous sa veste, rentre le ventre, se précipite vers le comptoir où se trouve la clé du grenier, s'y rend prestement et cache à la hâte la veste dans le sac qu'il a placé derrière les planches.

Le premier pas est fait. Les autres suivront à intervalles irréguliers. Tadek vient tantôt avec une chemise, tantôt avec des chaussettes, un pantalon ou des chaussures. La plupart du temps il apporte les différents vêtements cachés sous sa veste.

Maintenant ils discutent des détails. Tadek est dans la même situation que son camarade des entrepôts. Il a peur lui aussi pour son amie, Regina. Et il lui est, tout comme à Jurek, évident que les chances de survie des jeunes filles sont infiniment plus minces que celles de deux Polonais non juifs. Ils envisagent une évasion à quatre. Mais comment elle doit se passer dans le détail, ils n'en savent rien. En revanche le risque semble bien plus grand. Il n'est pas habituel qu'un SS accompagne trois détenus dont deux femmes, de même qu'il n'est pas courant que deux SS s'occupent ensemble de deux détenues. Tadek remarque qu'il pourrait mettre toute l'entreprise en péril, car son visage est davantage connu

153

des SS, étant donné qu'il a quotidiennement affaire avec eux au vestiaire. Pour le moment la question est laissée de côté, tandis que peu à peu l'ensemble des pièces de l'uniforme s'entasse entre les briques et les poutres du grenier. Vis-à-vis des autres, Jurek ne se départit pas de son calme. Il retrouve régulièrement Cyla, tantôt il échange avec elle un baiser, tantôt une étreinte. Mais il ne se décide toujours pas à mettre sa bien-aimée dans la confidence. Il n'échappe cependant pas à Cyla que Jurek a changé.

« Qu'est-ce qui t'arrive ? demande-t-elle, qu'est-ce qui ne va pas ? Tu as changé.

– Tout va bien. J'ai seulement beaucoup de travail.

– Tu ne me demandes même pas comment je vais.

– En pensées, je suis toujours avec toi, Cyla. Dans peu de temps tu te rendras compte de ce que je suis capable de faire pour toi. Aie confiance et sois patiente. Tout ce que je fais, je le fais pour notre avenir. »

Sans dire un mot, Cyla presse sa tête contre la poitrine de Jurek.

* * *

Il n'est pas trop difficile pour Tadek de se procurer l'uniforme, car tout est « sens dessus dessous » dans cet arsenal de vêtements. « En 1944, raconte Tadeusz Srogi, il régnait déjà au camp la plus grande pagaille. »

Tadek est parfaitement au courant des habitudes des SS ; il sait ce qu'il peut faire disparaître sans que cela se remarque. Un autre problème semble être beaucoup plus difficile à résoudre : comment peuvent-ils se procurer tous les deux le laissez-passer adéquat. Sans ce sésame, toute tentative d'évasion est sans espoir. À chaque porte les SS sont contrôlés par les sentinelles. D'autre part, les Allemands changent continuellement la couleur des laissez-passer nécessaires, une mesure de sécurité supplémentaire. Tantôt le papier est jaune, tantôt vert, bleu ou blanc.

Tandis que Tadek s'occupe de réunir les différentes pièces de l'uniforme, Jurek tente de prendre des contacts avec l'extérieur. Lorsqu'il travaillait au moulin de Babitz, il avait bien eu des relations avec des civils. Ils lui seraient très utiles maintenant. Il raconte de plus en plus souvent à son ami Tadek ses conversations avec des personnes extérieures au camp, prêtes à l'aider, même si Tadek n'arrive pas à le croire et est convaincu que Jurek veut seulement le rassurer. Jurek, pendant ce temps-là, s'efforce de réunir l'argent nécessaire à l'évasion. À Birkenau, il n'est pas difficile de trouver de l'argent pris aux Juifs. Dans cette perspective, il envoie un message à Bogdan. Il faudrait qu'il se procure, lui demande Jurek, quelques milliers de reichsmarks. C'est urgent. Et effectivement Bogdan se manifeste quelques jours plus tard dans les entrepôts.

«J'ai apporté ce que j'ai pu, dit-il en mettant une liasse de billets dans la main de Jurek.

– Il y a combien?

– Quatre mille reichsmarks.»

Bogdan ne voudrait pas être remercié pour l'aide qu'en bon camarade il a apportée à Jurek. Si ce n'est qu'un quart de litre d'alcool à brûler pur lui conviendrait. Sans demander à Jurek pourquoi il a besoin de cet argent, Bogdan retourne à Birkenau.

Peu de temps après, Jurek dispose d'un uniforme complet.

18

Jurek ignore que deux autres détenus forgent en même temps que lui des plans d'évasion quasiment identiques. Depuis un certain temps, Edward Galinski, lui aussi un détenu du premier convoi arrivé à Auschwitz, matricule 531 tatoué sur l'avant-bras, a une liaison avec Mala Zimetbaum, une Juive belge d'Anvers détenue à Birkenau. Pour tous les deux, c'est le grand amour. Une compagne de Mala, Anna Palarczyk, se souvient qu'il était impossible de ne pas remarquer l'attirance de Mala pour le séduisant « Edek ». Plus tard Anna écrit que Mala lui a confié : « Je suis amoureuse; je suis tellement amoureuse; je suis tout à fait heureuse. » Mais tout comme Jurek et Tadek, Edek est complètement désespéré.

Serrurier, il a la possibilité de se rendre au camp de femmes de Birkenau et de rencontrer sa bien-aimée dans la salle de radiographie du laboratoire où sont effectuées les expériences de stérilisation, mais il sait, tout comme ses compagnons d'infortune qui travaillent dans l'enceinte de la régie des tabacs, que Mala peut être envoyée à tout moment à la mort. « Est-ce que tu sais que personne ne survivra à Auschwitz? Même si l'Armée rouge ne se trouve qu'à une demi-heure de nous, les SS auront encore suffisamment de temps pour tous nous supprimer », a-t-elle – dit-on – fait remarquer à sa camarade Margita Svalbova.

Au début Edek projette de s'évader seul, sans Mala. Il s'est procuré un uniforme par l'intermédiaire du

Rottenführer SS Lubusch, un Volksdeutsch bienveillant à l'égard des Polonais, facile à corrompre et qui à l'occasion commerce avec les détenus. Edek est sur le point de s'évader avec un de ses amis, Wieslaw Kielar. Mais ensuite il intègre Mala à ses plans.

Kielar, lui aussi arrivé à Auschwitz par le premier train, commence par être sceptique : « Nous ne pourrons pas aller bien loin si nous emmenons une femme avec nous, et qui plus est une femme aussi fragile que Mala avec ses crises de malaria, il faut pouvoir faire au moins trente kilomètres d'un bon pas. Elle n'y arrivera pas. Peut-on compter sur l'aide des gens à l'extérieur s'ils s'aperçoivent qu'ils ont affaire à une Juive ? » Finalement, Kielar renonce à s'évader au profit du couple d'amoureux.

Mala, qui a une fonction de coursier au camp et dispose ainsi de quelques contacts, doit se procurer un laissez-passer. Et quelques jours plus tard, elle apparaît effectivement avec le papier dont elle a besoin.

* * *

Le 24 juin 1944 à midi, Mala Zimetbaum et Edward Galinski s'évadent. C'est un samedi, il fait chaud, le personnel de surveillance des SS est réduit de moitié et la surveillante en chef, Maria Mandel, n'est pas présente lorsque Edward Galinski se prévalant d'un ordre de mission se rend dans le camp des femmes de Birkenau. Il franchit le portail principal, se faufile à droite dans le bunker cimenté où sont conservées les pommes de terre et troque ses vêtements de travail contre l'uniforme d'un Rottenführer SS. Au même moment, Mala avance rapidement dans l'allée centrale du camp, en direction du poste de garde principal, tombe sur l'Unterscharführer SS Perschel qui lui intime l'ordre de tenir son vélo pendant quelques instants, elle finit par atteindre avec un peu de retard la pièce réservée au chef de bloc; dans les toilettes elle échange son treillis de détenue contre la combinaison bleue d'un ouvrier.

Mala disparaît dans les toilettes. À l'extérieur un autre détenu dans la confidence fait semblant de réparer la serrure. Comme il ne voit pas Mala ressortir, il s'inquiète et ouvre la porte pour voir ce qui se passe. Il se rappelle que Mala se tenait dans la pièce, blanche de peur et complètement désorientée : « Elle donnait l'impression d'avoir perdu la raison. » Avec une grande présence d'esprit le détenu lui fait enfiler la combinaison, charge sur son épaule la cuvette des W.-C. qu'elle doit transporter pour donner le change et la pousse dehors.

Wieslaw Kielar suit la scène d'un poste d'observation éloigné. Lorsqu'il voit apparaître Mala, il fait un signe à Edek Galinski qui piaffe d'impatience. À partir de ce moment-là les jeux sont faits.

À pas mesurés, Galinski apparaît dans son uniforme de Rottenführer, il laisse passer Mala, « normalement, calmement, comme on voyait les SS le faire lorsqu'ils accompagnaient un détenu », note Kielar, qui de sa cachette peut encore suivre l'évasion de ses deux amis pendant trois cents mètres, avant qu'ils disparaissent de son champ visuel.

Ils ne doivent pas tarder à atteindre le grand barrage des sentinelles, puis le dernier poste de contrôle, et alors ils auront réussi.

On n'entend aucune sirène hurler et ordonner de prendre en chasse les fugitifs. Les colonnes rentrent du travail. Comme toujours l'orchestre du camp joue une marche entraînante pendant ce temps-là. Plus aucune trace de Mala et Edek. Maintenant, c'est l'appel. Il faut se compter. Et alors ce sera la certitude : il manque deux détenus. L'installateur Edward Galinski, matricule 531. La coursière Mala Zimetbaum, matricule 19880.

Hurlement des sirènes, interrogatoires, ordres donnés par la Gestapo et dans le camp, la joie tranquille des prisonniers. Deux d'entre eux ont encore réussi à s'échapper de l'enfer. Enfin le monde pourra savoir ce qui se passe ici.

Des proches savent qu'Edek a l'intention de rejoindre, non loin du camp, des partisans. Et Mala, dit-on, a emporté avec elle toute une série de documents.

« Je pris lentement conscience de ce que représentait l'évasion de Mala, écrira plus tard Margita Svalbova. Mala ne voulait pas seulement sauver sa propre vie en s'évadant. Mala qui était au courant des secrets les plus graves du camp s'était enfuie avec des preuves pour les exposer au monde entier. »

19

Jerzy Bielecki, dont les projets sont en train de se concrétiser, entend bien sûr lui aussi parler de l'évasion de Mala Zimetbaum et d'Edward Galinski. Jozef Golus, le chef de chambrée, fait brusquement irruption, s'assied à côté de Jurek sur le châlit et lui demande une cigarette.

« Tu es déjà au courant ? commence-t-il. Un détenu du premier transport s'est enfui, tu devrais le connaître : c'est Edek Galinski ; il a foutu le camp avec une Juive belge. »

Puis il raconte toute l'histoire. Bielecki en a des sueurs froides. Plus il apprend de détails sur la fuite de Mala et d'Edek, plus l'ensemble lui paraît incroyable. Mais à sa joie d'apprendre la réussite de l'évasion se mêle une certaine panique. Comment les Allemands vont-ils réagir face à cette évasion audacieuse ? Vont-ils renforcer les mesures de contrôle au point qu'une seconde tentative d'évasion avec un uniforme SS ne sera plus possible ? Quelles enquêtes les nazis vont-ils entreprendre maintenant ? Et d'où Galinski tenait-il son uniforme ? Jurek se rend précipitamment auprès de son ami Tadek :

« Est-ce que c'est toi qui lui as donné l'uniforme ? explose-t-il.

– Non, répond Srogi, peut-être un camarade. »

Puis ils se concertent tous les deux pour savoir si une évasion est encore envisageable. Leurs doutes augmentent.

D'un autre côté, Tadek et Jurek ne semblent pas avoir le choix. Le temps presse, leurs plans sont déjà bien avancés. Et pour finir, toute autre forme d'évasion leur semble encore plus risquée.

En outre, Jurek a d'autres raisons de s'inquiéter ces derniers temps. Depuis quelques semaines, de plus en plus de «détenus aryens» – des Allemands, des Polonais, des Russes – sont évacués vers «l'intérieur du Reich», vers des camps où comme à Buchenwald on travaille pour l'industrie d'armement allemande. Les prisonniers apprennent que le front se rapproche de plus en plus et que le camp de Majdanek, près de Lublin, a été en partie évacué, Jurek pressent que des mesures semblables vont être prises à Auschwitz, et il sait à quelle rapidité les Allemands assassinent dans ces circonstances.

S'il devait être transféré à Buchenwald, Cyla serait perdue, se dit-il.

À cette époque-là, il est de plus en plus fréquent que des détenus essaient de s'enfuir. Mais la plupart d'entre eux échouent et sont pendus publiquement. Jurek a lui aussi été contraint d'assister une fois à une telle exécution. Dans ses cauchemars, il se voit parfois suspendu à une potence à côté de Cyla.

* * *

Un jour, un SS arrive au vestiaire. Il dit avoir besoin d'un nouvel uniforme et laisse sa veste usagée, elle a un accroc, il faut la raccommoder.

«Pas de problème, lui assure Tadeusz.

– C'est urgent, insiste l'Allemand, il va revenir dans une heure», dit-il avant de s'en aller précipitamment. Tadek fouille sans arrière-pensée dans les poches de la veste d'uniforme vert. Il le fait toujours avant d'emporter les différentes pièces. Mais cette fois il a un choc; dans la poche de poitrine de la veste, l'Allemand a oublié un morceau de papier : un laissez-passer. De couleur

vert olive. Le nom du SS – Helmut Stehler, Rottenführer SS – y est inscrit. Ce bout de papier peut apporter
la liberté, pense instantanément Tadek, et il le fait immédiatement disparaître. Il ne perd pas de temps à réfléchir
aux conséquences éventuelles de son geste.

Stehler ne tarde pas à s'apercevoir qu'il a perdu son
laissez-passer. Lorsqu'il revient au bout d'un moment, il
demande à Tadek de lui donner immédiatement sa vieille
veste, il fouille toutes les poches, demande à voir d'autres
uniformes, les fouille également. Il ne trouve rien et
hurle de colère. Mais Tadek reste de marbre, il n'a qu'une
idée en tête : « Tu n'es pas près de revoir ton laissez-
passer ! »

Furieux, le Rottenführer Stehler se précipite dehors.
Tadeusz l'observe de loin et le voit chercher l'Unterscharführer Kober, le responsable du vestiaire. Tadek et lui se
connaissent bien. Tadeusz suppose que Kober l'apprécie
et d'ailleurs, de son côté, il considère que son chef est « un
homme juste et discipliné ». Kober regarde Tadek d'un
œil scrutateur et le confronte aux reproches de Stehler.
Non, il n'est au courant de rien, assure Srogi. Alors Kober
se précipite dehors et crie à Stehler : « Fous le camp !
Qu'est-ce que tu veux qu'un détenu fasse d'un laissez-
passer ? »

Selon Tadek, Stehler a dû être mis aux arrêts pendant
trois jours en punition de sa négligence.

Peu après, Tadek se rend auprès de Jurek. « Jurek,
commence-t-il sur un ton mystérieux. J'ai une surprise
pour toi, mais je ne te dirai pas de quoi il s'agit. » Il reviendra le lendemain ou le surlendemain, dit-il, Jurek
doit patienter jusque-là.

À ce moment-là, Tadeusz Srogi a déjà intérieurement
renoncé à cette entreprise hasardeuse. Les projets de son
ami lui paraissent trop risqués. À deux ils s'en tireront

peut-être, se dit-il, mais à quatre? Il se peut que les chances de survivre à cette guerre horrible ne soient pas si mauvaises que cela dans le camp. Précisément maintenant. On croit entendre les tirs d'artillerie de l'Armée rouge. Il va malgré tout aider Jerzy Bielecki à s'évader, dans la mesure du possible.

Et c'est ainsi que le lendemain il ordonne à son ami de le suivre aux toilettes. Il n'y a que là-bas qu'ils ne seront pas dérangés.

Ils ferment la porte d'accès. Puis Tadek retire son soulier et une de ses chaussettes. Il la prend et en sort un papier vert olive : « KL Auschwitz. Zone agricole – intendance – Budy. Nombre des prisonniers : 3. Accompagnateur : 1 – Budy-Auschwitz A & R. Nom du chef du commando : Helmut Stehler, Rottenführer. »

Jurek a l'impression « que le sol se dérobe sous lui ». Pendant des semaines, il avait craint qu'il leur soit impossible de se procurer ce genre de document. Maintenant il peut à peine comprendre sa chance. Il serre Tadek dans ses bras avec chaleur.

« Surtout cache-le bien, lui recommande seulement Tadek. Tu sais qu'ils peuvent nous pendre ou nous abattre dans le bunker pour chacun des vêtements que je t'ai procurés, sans parler des interrogatoires et de la torture. »

Toutes les conditions préalables à l'évasion semblent maintenant remplies. Jurek doit seulement attendre que son laissez-passer vert soit valable. Comme ils sont toujours établis dans un certain ordre et pour la durée d'à peu près une semaine, il lui faut un peu de patience.

* * *

Le 6 juillet 1944, Mala Zimetbaum et Edward Galinski sont arrêtés, treize jours après leur évasion spectaculaire. Des bruits divers circulent au sujet de leur arrestation. Les uns racontent que Mala aurait été remarquée par un homme de la Gestapo dans un restaurant de Cracovie ou de Bielsko à cause du tatouage de son matricule; d'autres disent qu'Edek, toujours en uniforme de SS, aurait éveillé les soupçons parce qu'il aurait voulu payer avec de l'or dans un magasin ou chez un médecin. On dit que les deux fugitifs ont été arrêtés dans un train ou dans un hôtel, et d'autres prétendent qu'ils se sont fait prendre dans les Beskides en essayant de franchir la frontière slovaque. À cause de l'uniforme d'Edek, de l'absence de papiers, du manque de connaissance des lieux, une patrouille de la police des frontières les a d'abord pris pour des déserteurs, arrêtés et emmenés à la prison de Bielsko.

Ce qui est certain, c'est que le 7 juillet 1944 ils sont tous les deux à nouveau à Auschwitz, au bloc 11. Chaque jour ils sont interrogés par le responsable des interrogatoires de la section politique, le Oberscharführer Wilhelm Boger. Au début ils sont extrêmement bien traités, mais au bout de quelques jours alors qu'ils continuent à refuser de donner les noms de leurs complices et de ceux qui les ont aidés, les nazis passent aux méthodes brutales habituelles. Un codétenu de Mala et Edek, Jenny Spritzer, se rappelle plus tard avoir vu Edek après les interrogatoires. Il était «complètement défiguré, avait un œil au beurre noir, le crâne éclaté et le sang lui coulait sur le visage. Son costume était déchiré dans le dos et il marchait pieds nus. Et malgré cela, il gardait la tête haute, il nous a souri et nous a dit dans un souffle : embrassez Mala pour moi.»

Pour Jurek, l'arrestation de Mala et d'Edek est «un choc». Pendant deux ou trois jours il erre sans but, la nuit il n'arrive pas à dormir sur son châlit du bloc 16a, il se pose constamment la question de savoir ce qu'il arriverait s'ils – Cyla et lui – échouaient, s'il a le droit de faire prendre des risques à Cyla. Et pourtant, il ne démord pas de son plan. Tadek, lui, semble encore plus affecté par l'arrestation des deux autres. Il avait, note un de ses amis, «des réactions de panique».

Jurek en revanche essaie de garder la tête froide. Quelles conséquences peut avoir l'arrestation de Mala et d'Edek sur son projet d'évasion à lui?

Peut-être, pense-t-il, que Cyla et lui ont justement de meilleures chances précisément pour cette raison. Les Allemands pourraient justement se sentir maintenant sûrs d'eux : qui en effet risquerait d'oser s'évader de la même façon, juste après l'arrestation des deux fugitifs?

Mais une autre éventualité est aussi envisageable : il est possible que cette évasion culottée et humiliante pour les Allemands les incite à renforcer les contrôles à la sortie du camp.

Et cela pourrait leur être fatal.

20

Un beau jour, les filles ont disparu. Le matin elles ne sont pas venues travailler au grenier, et à midi non plus il n'en est pas arrivé une seule. Au début personne ne sait ce qui s'est passé. Jurek craint le pire. Qu'est-ce qui pourrait bien leur être arrivé? À Auschwitz, il faut s'attendre à tout. Inquiet, il arpente le bâtiment. C'est alors que Pomplun le met au courant. C'est lui qui a renvoyé les filles. Il y a eu des problèmes et il ne voulait plus prendre la responsabilité de continuer à faire travailler ces jolies jeunes femmes dans les entrepôts.

Jurek est désespéré. Il a préparé leur évasion jusque dans les moindres détails et possède même l'indispensable laissez-passer. Et maintenant, c'est Cyla qui a disparu. Est-ce que tout aura été vain?

Plus tard, il apprend ce qui s'est passé. Ces derniers temps, une blonde plutôt bien faite, répondant au nom de Hilda – mince, environ vingt-cinq ans –, était venue fréquemment aux entrepôts pour y chercher de la farine. La fille, une prostituée allemande, travaillait comme *kapo* dans un commando chargé du tri des chaussures des Juifs gazés; les souliers étaient ensuite chargés dans des wagons de chemin de fer stationnés à proximité de la rampe d'accès et acheminés en Allemagne. De la rampe d'accès, la fille faisait de plus en plus souvent un détour jusqu'aux entrepôts; on lui donnait de la farine, quelquefois des cigarettes et une claque amicale sur les fesses. Mais on ne pouvait pas ignorer que la fille aguicheuse avait une histoire avec le SS Dziadek, surnommé «Pépé». Parfois elle apportait avec elle des petits colis qu'elle demandait à «Pépé» d'envoyer dans le Reich en contrepartie de ses prestations amoureuses.

Pendant un temps, tout se passa bien jusqu'à ce que la section politique ait des soupçons et ordonne au vieux SS d'ouvrir les colis qu'il transportait, un jour qu'il se rendait à la poste. Au milieu de vêtements élégants qui avaient été pris aux Juifs sur la rampe d'accès, les SS trouvèrent des rouleaux de pièces d'or soigneusement emballés et des liasses de couronnes hollandaises, de reichsmarks et de dollars.

La fille fut immédiatement emmenée par les SS et personne n'entendit plus jamais parler d'elle. «Pépé», en revanche, ne resta que huit jours aux arrêts de forteresse et reprit ensuite sa place. C'étaient là les problèmes qui avaient énervé Pomplun, et à la place des filles, six Juifs belges qui venaient d'arriver au camp furent chargés des travaux de couture.

* * *

«Cette nouvelle va te rendre heureux», chuchote Kazek, un détenu qui croise souvent le chemin de Jurek parce qu'il s'occupe du chauffage dans la laverie voisine. Il lui fait un clin d'œil de connivence et lui fourre un bout de papier dans la main. C'est un message de Cyla. «Je travaille dans le bâtiment de l'état-major», y est-il écrit. Et encore : «S'il te plaît, établis un contact avec moi. Cyla.» C'est le signe de vie tant désiré. Le reste c'est Kazek qui lui explique. Cyla, comme toutes les filles de son ancien commando, a été affectée à l'état-major qui n'est éloigné que d'une centaine de mètres des entrepôts. La laverie se trouve au sous-sol et depuis l'incident avec «Pépé», c'est là que Cyla travaille. «Dis-lui, demande Jurek, que je voudrais la voir demain à 13 h 15 près des poubelles devant le bâtiment de l'état-major. »

Le lendemain, ils se retrouvent enfin face à face. Comme on peut les voir de toute part, Jurek reste à quelques pas de distance de Cyla et fait semblant de vouloir rattacher son lacet.

« Je craignais de ne jamais te revoir », avoue-t-il, prêt à pleurer. Cyla elle aussi peut difficilement cacher ses sentiments. Elle savait bien sûr qu'elle ne se trouvait pas loin de Jurek, mais seul Kazek avait pu rétablir le contact entre eux.

* * *

Après ce contretemps, Jurek se jure une fois encore de ne plus perdre Cyla des yeux. Elle court trop de risques. Il veut accélérer ses préparatifs. Et il est possible, se dit-il, que le changement de commando de Cyla ne soit pas une mauvaise chose. Jusque-là il s'est cassé la tête sans trouver de solution, car comment aurait-il pu faire sortir la jeune fille de l'atelier de couture lorsque son plan d'évasion serait devenu réalité ? Tout le monde connaissait Jurek dans les entrepôts. Et tout le monde l'aurait reconnu, même dans un uniforme de SS. Qu'aurait-il pu faire dans ces conditions ? Aller la chercher secrètement pendant la pause et l'emmener dans le grenier pour y troquer ses vêtements de détenu contre l'uniforme vert-de-gris des SS, il n'y aurait peut-être pas eu d'autre solution à ce problème. Puis il aurait quitté en sa compagnie le bâtiment pour faire le long chemin jusqu'au portail principal, tout cela aurait pris beaucoup de temps et augmenté les risques de rencontrer quelqu'un qui les connaissait et ne se serait pas laissé abuser par l'uniforme d'un Rottenführer. Mais maintenant tout pouvait être beaucoup plus facile. Dans le nouveau commando de

Cyla personne ne le connaît. Il pourrait se rendre là-bas camouflé en SS, demander à ce qu'on lui remette la fille et disparaître avec elle.

« Ce que j'ai commencé par prendre pour une malchance, se dit Bielecki, se révèle être une circonstance favorable. »

* * *

« Écoute-moi bien, implore-t-il Cyla, tout en redoutant qu'elle puisse refuser ce projet audacieux, dans quelques jours nous prenons le large.

— Ne dis pas d'imbécillités. »

Cyla commence par prendre pour une divagation les propos de Jurek qui lui explique qu'ils vont s'évader ensemble.

« Tu exagères, lui dit-elle. Tu n'es pas sérieux.

— Je suis sérieux. Je suis venu aujourd'hui spécialement pour te dire que je vais venir te chercher ici. Il faut que tu me croies. Toutes les conditions sont remplies. La veille de notre évasion, je te mettrai au courant. »

Cyla regarde son bien-aimé sans le croire. Bien sûr il a déjà dit une fois en passant qu'il souhaitait s'évader avec elle. Mais faut-il prendre tout cela au sérieux ? Est-ce qu'il est vraiment possible de s'évader du camp ?

« Quand tout sera-t-il prêt ? demande-t-elle simplement. (Et elle ajoute sceptique :) Tu veux vraiment t'évader ?

— Bien sûr, lui assure Jurek. Je vais tout préparer. Cela peut prendre encore deux ou trois jours, peut-être cinq. Mais le moment va venir. »

Huit jours passent en effet sans que rien d'important ne se produise. Tous les deux jours Jurek rencontre Cyla en secret et fait son travail en se conformant aux ordres qu'il reçoit.

Il s'entretient quotidiennement avec Tadek qui lui a fait savoir qu'il ne participerait pas à l'évasion, mais l'aiderait autant qu'il le pourrait, car à trois ou quatre ce serait une affaire trop risquée.

Et Tadek lui a adressé une ultime prière : au cas où il ne survivrait pas à ce maudit camp, Jurek devra rendre visite à sa mère et lui dire, à elle et au monde entier, ce qui s'est passé à Auschwitz. Mais si tout se passe bien, alors ils se reverront après la guerre, dans une Pologne libre.

De Rajsko, un village des environs, une voiture est venue comme d'habitude pour chercher du fourrage destiné à sept ou huit exploitations agricoles spécialisées dans l'élevage de poissons ou de volailles.

«Eh! Kapo! crie l'Allemand, il est là le chef?

— Non. De quoi s'agit-il?

— Du chargement. Quelqu'un doit remplir le bon de livraison. Venez avec moi!»

Il tend alors à Jurek une liasse de papiers qui conformément au règlement doivent être signés. Pour montrer la régularité de l'opération, il pose sur la table son laissez-passer. Jurek feuillette les papiers. C'est alors que son regard tombe par hasard sur la feuille : il lui faut un petit moment pour reprendre ses esprits, il s'agit d'un laissez-passer, vert olive, comme le sien, la «bonne» couleur, la couleur valable ces jours-là. Jurek est tellement excité qu'il peut à peine reprendre sa respiration.

S'il veut réellement que son projet devienne réalité, il lui faut agir maintenant. Sur-le-champ.

Il a l'impression de faire son travail dans un état second. En aucun cas, il ne doit se mettre maintenant à douter. Il vérifie encore une fois la cachette. Ouvre le sac dissimulé derrière la poutre du grenier. L'uniforme est complet.

De plus, il s'est procuré ces derniers jours deux boîtes de conserve, et il faut encore qu'il trouve une miche de pain. D'autre part, il a mis de côté un rasoir, une cape imperméable pour Cyla, un miroir et deux alliances en argent qu'il pourra vendre en chemin, et les quatre mille marks.

Il ne subsiste qu'une inconnue. Le laissez-passer vert est bel et bien valable. Mais le nom de Stehler pourrait lui être fatal. Jurek craint que la sentinelle à l'entrée principale du camp connaisse personnellement le Rottenführer Helmut Stehler et qu'il se méfie. Il modifie donc le nom sur le papier en Steiner : Rottenführer Helmut Steiner, un nom qui n'est pas vraiment rare en Allemagne et qui n'étonnera personne. Il effectue rapidement la falsification, car par chance les inscriptions de ce document si important sont faites au crayon. Avec un peu de salive, il efface le nom et réécrit par-dessus. Maintenant le document ne devrait plus éveiller les soupçons.

Puis il retourne à son travail. Le lendemain il a rendez-vous avec Cyla, ainsi qu'ils en ont décidé.

Ces derniers temps, Jurek avait pris l'habitude de s'absenter un moment l'après-midi pour se procurer du saucisson de meilleure qualité. Tietze admire le talent de Jurek qui arrive toujours à dénicher quelques produits rares et, comme il profite des «excursions» de Jurek, il tolère ses absences. Mais pour Jurek ces après-midi passés en quête de nourriture font déjà partie de son plan d'évasion. Il faut que le Rottenführer s'habitue à ses absences, ainsi, le jour de sa fuite il ne soupçonnera rien lorsque le détenu 243 quittera sa place une fois de plus.

Vers midi, Cyla et Jurek se retrouvent. À ce moment-là, les SS sont au mess pour le déjeuner.

Jurek essaie de rester aussi calme que possible.

«Vendredi, 21 juillet, commence-t-il à expliquer, un SS de la section politique viendra te chercher pour un interrogatoire.

– Qu'est-ce que tu dis? demande Cyla désorientée. Un SS?» Prise de panique la jeune fille laisse tomber les deux seaux qu'elle portait – prétexte à son déplacement jusqu'aux bennes à ordures.

«Le SS, ce sera moi. Je viendrai en uniforme.

– Tu es devenu fou? demande Cyla tremblante.

– Non, ça va. Demain, mardi, nous nous retrouverons encore une fois ici. Mets-toi bien cela dans la tête! Quand je viendrai te chercher vendredi, tu dois te maîtriser. C'est important.»

Cyla se calme peu à peu. Elle se tait, se concentre sur ce que lui explique Jurek.

«Ce ne sera pas grave, si tu devais être un peu nerveuse vendredi. Finalement, il faut que tu croies que c'est un Allemand qui vient te chercher.» Puis ils se séparent.

Deux jours plus tard, Jurek lui explique son plan plus précisément. Le vendredi à 10 heures il se présentera sur la plate-forme élévatrice d'où les céréales sont transportées par un palan. C'est là qu'il attendra Cyla. C'est important car il faut qu'il soit sûr qu'on n'envoie pas Cyla ce jour-là dans un autre commando. Dès qu'il apercevra Cyla, il lèvera la main droite pour lui signifier que tout est en ordre et que l'évasion va avoir lieu. Elle devra alors retourner à sa place et faire en sorte de rester à l'intérieur de la blanchisserie. À 14 heures ils se rencontreront encore une fois sur la plate-forme. Et vers 15 heures, il fera son entrée habillé en Rottenführer.

Les jours suivants sont une véritable torture. La nuit, Jurek ne peut pas fermer l'œil. Il ne cesse de ressasser les différentes phases de son plan. Il cherche les détails qui auraient pu lui échapper, et parvient finalement à la conclusion qu'il a pensé à tout et que l'entreprise pourrait réussir.

Il n'en va pas autrement pour Cyla. Elle écrit dans ses souvenirs : « Il y avait suffisamment longtemps que j'étais au camp de concentration d'Auschwitz pour savoir ce qui nous menaçait si notre évasion échouait. J'étais désespérée et voulais renoncer. C'est ma meilleure amie, Sonia Rotszyld, qui m'en a empêchée, on ne peut pas refuser ce genre de proposition d'évasion, m'a-t-elle dit : "Peut-être que tu ne vivras qu'une ou deux semaines en liberté, peut-être qu'ils vous rattraperont. Mais raconte au monde entier ce qui se passe ici. Il faut que les gens à l'extérieur sachent comment on traite ici des êtres humains. Il faut que le monde entier l'apprenne." Sonia m'a serrée dans ses bras, et elle m'a embrassée. »

21

Le soir, Jurek est à nouveau dans son bloc. Il s'est entretenu avec Josef, le doyen du bloc, jusqu'à l'heure de l'extinction des feux, maintenant, il fait nerveusement les cent pas dans la pièce mal aérée. Tous les autres sont déjà allongés sur les châlits. Bien que la fenêtre soit ouverte, Jurek manque d'air dans cette nuit chaude de juillet.

Il s'avance vers la fenêtre, son regard tombe sur les barbelés, les miradors qui émergent dans la lumière blafarde et jaune des ampoules électriques, les silhouettes des baraques qui se détachent comme des masses sombres des halos lumineux. La peur se mêle au soulagement : il n'y en a plus pour longtemps maintenant avant que son plan d'évasion avec Cyla ne devienne réalité. Il est déjà bien plus de minuit lorsqu'il s'allonge tout habillé et somnole jusqu'au petit matin.

Avant que le gong retentisse au petit jour, il est déjà debout, il se lave et se rase plus soigneusement qu'à l'ordinaire. Puis c'est l'appel, le dernier, il espère.

Comme tous les jours, les détenus avancent dans les allées du camp en longues colonnes. Comme tous les jours, l'orchestre joue une musique joyeuse. Comme tous les jours l'ordre : « Découvrez-vous ! » retentit. Tous les mouvements se font mécaniquement. C'est alors que le regard de Jurek se porte sur une table, à sa gauche, lorsque la colonne atteint presque le portail surmonté de l'inscription « Le travail c'est la liberté ». Sur la table gisent trois cadavres maculés de sang, les têtes des trois fusillés pendent sans vie. Jurek reconnaît la joue déchirée de l'un des morts. Un détenu, chancelant, essaie de se tenir debout, il soutient sans forces son bras droit blessé. Ses yeux sont fermés, du sang coule de son cuir chevelu. Quand Jurek comprend le sens de la scène qu'il vient de voir, le groupe a dépassé le portail. Ce spectacle macabre est l'une des mises en garde usuelles contre les tentatives d'évasion. Habitué à côtoyer la mort, Jurek est cependant touché ce jour-là de façon plus douloureuse par le spectacle de ses camarades. Presque personne ne peut chanter avec l'orchestre le chant qu'il vient d'attaquer.

«Chantez, ordonne Tietze à ses détenus. Ou bien voulez-vous prendre le deuil à cause de ces quelques Juifs?»

Un peu plus tard Jurek présente son commando à Pomplun, il essaie d'être aussi naturel que possible et se met au travail dans les entrepôts sans beaucoup d'entrain. Il compte impatiemment les minutes et se présente à 10 heures tapantes sur la plate-forme pour vérifier la présence de Cyla.

Peu après, elle se montre, un seau à la main, près du bâtiment de l'état-major. Elle se dépêche de vider les ordures, puis elle jette un regard nerveux en direction de Jurek. Celui-ci lève la main droite, le signal convenu. Cyla disparaît.

Durant la pause de midi, Jurek essaie de calmer sa nervosité et de se reposer. Puis peu après 13 heures, il se lève et se rend au bureau. La pièce est vide. Jurek met la clé dans sa poche et se dirige vers le grenier. Il verrouille la porte de l'intérieur, sort le sac de la cachette, ouvre l'enveloppe qui contient le laissez-passer. Il doit encore remplir certaines rubriques du formulaire. Sur la ligne réservée à la date, il inscrit 21 juillet 1944. Puis il revient à sa place et rencontre un Tietze de fort bonne humeur.

Au fil des heures il se sent plus rassuré. Personne ne semble remarquer son trouble intérieur, et il est soulagé d'avoir quelque chose à faire.

À 13 h 57, Jurek est à nouveau sur la plate-forme de l'élévateur et il attend Cyla; tout d'un coup c'est la panique : voilà justement que Tietze passe par là. Jovial, le nazi lui offre une cigarette. Jurek la refuse; il veut que l'Allemand s'en aille. Mais celui-ci n'a pas l'air de vouloir bouger.

Au bout d'un moment il dit à Jurek : «Regarde donc qui vient», en montrant sans la moindre arrière-pensée Cyla qui se rend à son rendez-vous. Jurek répond peut-être sur un ton un peu trop innocent : «Ah, c'est la fille du commando de raccommodage des sacs!»

Cyla les regarde. Jurek reste indécis pendant quelques secondes. Puis il veut s'en aller, il lève la main et s'entend dire sur un ton courroucé par Tietze : «Ah, j'ai bien cru que tu n'allais même pas lui adresser un bonjour de la main!» Soulagé il fume maintenant une cigarette grecque avec le Rottenführer.

* * *

Le temps presse. Il trouve de nouveau Tietze sur son chemin. «Je m'en vais maintenant, Herr Rottenführer, je vais chercher du saucisson. C'est l'heure.»

L'Allemand regarde distraitement sa montre.

«Il est déjà 15 h 10.

— Peut-être que je serai un peu plus long aujourd'hui, avance Bielecki. J'en ai peut-être pour une heure.

— Bon, ça va. Mais s'il y a des problèmes, je ne suis au courant de rien. Bonne chance!»

En haut dans le grenier, la chaleur est presque insupportable. Personne ne peut rentrer de l'extérieur. Plus tard Jurek note : «Mon cœur battait comme un marteau.» Les doigts tremblants il ouvre le sac, se débat avec les nœuds et pour finir déchire nerveusement la cordelette importune. Il vide le contenu du sac sur le sol. Les différentes pièces de l'uniforme, l'argent, le rasoir, le miroir, tout est aligné méticuleusement sur le sol poussiéreux. Puis il quitte le treillis des détenus. Il est en sueur. Il prend l'uniforme vert, se glisse à la hâte dans le pantalon et la chemise, passe la veste. Il noue sa cravate, tire bien son uniforme, s'essuie la sueur qui lui coule sur le front et respire profondément pour se calmer. Il écoute attentivement, n'entend aucun bruit suspect. Il attache le ceinturon avec l'étui du pistolet. Fourre dans l'étui deux lourdes vis et une roue dentée pour qu'on ne remarque pas qu'il est vide, mais il a des difficultés à agrafer son ceinturon. Puis il pousse l'étui du pistolet un peu vers l'avant, comme le font les Allemands pour pouvoir attraper leur arme plus rapidement. Il desserre un peu le ceinturon pour que l'étui ne se dresse pas autant, attrape la casquette à tête de mort, et emballe le reste des objets dans un sac à provisions. Il fait disparaître le costume gris-bleu des détenus dans le sac et le cache derrière les planches. Il vérifie encore une fois qu'il n'a pas laissé derrière lui de traces compromettantes, et met pour clore le tout des lunettes de soleil et se regarde dans le miroir pour être sûr que tout est comme il faut.

Jurek sursaute de frayeur en voyant l'image que lui renvoie le miroir. Pendant quelques secondes, ce n'est pas lui, mais un Allemand, un SS allemand. Par la suite, il trouve sa propre image rassurante, s'il ne se reconnaît pas lui-même, comment les *kapos* ou les SS pourraient-ils l'identifier?

Il retire encore une fois sa casquette, pour s'essuyer la sueur qui coule déjà jusque dans ses yeux. Maintenant, ça y est.

Jurek tend l'oreille derrière la porte, puis dévale l'escalier dans le fracas du bruit des bottes nazies. Le bruit qu'il provoque agace ses nerfs. À chaque étage, il s'arrête et écoute s'il y a quelqu'un dans le couloir. Rien. Il ne tarde pas à atteindre la sortie. Un dernier regard à droite et à gauche. À une certaine distance il voit des détenus au travail. Deux, trois pas et le voilà dehors, il quitte la rampe d'accès, et met le cap sur le bâtiment de l'état-major.

Deux détenus sont en train de balayer l'allée. Lorsqu'ils voient Jurek, ils laissent leur brouette en plan et enlèvent précipitamment leur bonnet. Bielecki a l'impression « d'avoir reçu une piqûre de tranquillisant ». Tout lui paraît tellement absurde. Rempli d'une joie profonde, il se met même à siffloter une chanson.

À peine a-t-il fait quelques pas que le chef du service du travail, Emmerich, s'avance à sa rencontre sur une moto. Jurek se ressaisit. Il est désormais un SS, pas un détenu. Ils se saluent tous les deux : « Heil Hitler ! » Emmerich continue son chemin. Encore vingt mètres jusqu'à la lourde porte au rez-de-chaussée qui donne accès à la blanchisserie. Une fois encore, Jurek passe en revue les différentes étapes qui l'attendent, et le voilà à la porte en fer. Il s'essuie à nouveau le front, rectifie la position de sa casquette, puis entre dans le bâtiment. Il fait sombre dans le couloir. Mais Jurek garde malgré tout ses lunettes de soleil. Il ne lui est pas vraiment facile de trouver son chemin ici. Deux portes laquées de gris donnent sur le couloir. Jurek ouvre celle derrière laquelle il distingue le bourdonnement des machines à coudre. Il reste pétrifié à l'entrée. Une vingtaine de jeunes filles baissent la tête sur leur machine. Puis une femme s'avance, elle porte sur sa manche le brassard jaune des *kapos*. « Que désirez-vous, Herr Rottenführer ? »

Au fond de la salle une porte s'ouvre. Une forme corpulente dans un uniforme de SS, la trentaine, s'avance vers lui. Jurek s'efforce de garder son calme et s'avance à

178

son tour.

« Heil Hitler !

– Heil Hitler ! répond l'Allemande. Que puis-je pour votre service ? » Elle pose la question gentiment. Regarde avec curiosité le Rottenführer.

Jurek débite mécaniquement la phrase qu'il a si souvent répétée : « J'appartiens à la section politique et dois escorter une détenue convoquée à un interrogatoire. (Puis il extrait de sa poche le papier plié.) Cyla Cybulska de Lomza, matricule 29558. »

La femme en uniforme réfléchit. « Kapo, va chercher la Cybulska ! » Puis elle saisit le bout de papier et répète le matricule. La *kapo* sait qu'il s'agit de la brune qui travaille au repassage et disparaît derrière la porte.

La sueur le démange. Jurek enlève ses lunettes de soleil.

« Quelle chaleur aujourd'hui, dit la grosse.

– Oui, il fait très chaud. Et ici au sous-sol la chaleur est particulièrement étouffante. »

La femme SS rit. « Quand on a des yeux comme les vôtres, on n'a pas besoin de mettre des lunettes de soleil. »

En haut, dans la salle de repassage, les nerfs de Cyla sont sur le point de lâcher. La brune au brassard de *kapo* lui fait face. Pendant quelques secondes, Cyla reste assise, rivée à son siège. « Dieu va te conduire », chuchote Sonia et elle pousse sa camarade.

Jurek remarque la pâleur du visage de Cyla.

« C'est elle la Cybulska ? demande-t-il.

– Tout à fait, Herr Rottenführer. »

Cyla a l'air bouleversé. Ses jambes tremblent et des perles de sueur se forment déjà au bout de son nez. Jurek est pressé. Il craint que sa bien-aimée ne s'évanouisse.

Il contrôle donc rapidement le matricule tatoué sur le bras de la détenue, saisit le laissez-passer, regarde rapidement l'heure et arrange son uniforme.

« Vous la ramènerez pour l'appel ?

– Bien sûr. Autrement, nous vous préviendrons. »

Il claque des talons, et dit brutalement : « Allez, on y va ! » Cyla se dirige vers la sortie ; quelques blanchisseuses qui viennent à sa rencontre forment une haie dans le couloir. Encore quelques pas, Cyla et Jurek sont enfin dehors.

À la sortie du bâtiment de l'état-major, ils s'engagent sur un chemin à droite, puis tournent une fois à gauche et suivent le sentier qui traverse les champs environnants. Jurek donne ses ordres en allemand, le reste du temps ils marchent en silence. Ils passent devant la boulangerie et arrivent sur un chantier. Dans la canicule les détenus charrient des briques ; à côté d'eux, appuyé sur un bâton, le *kapo* sifflote sans s'en faire. Ce n'est que lorsqu'il voit le présumé SS s'approcher avec une prisonnière qu'il se met à s'agiter fébrilement et à houspiller les autres détenus : « Allez, allez, plus vite, plus vite ! »

De l'herbe borde le chemin qui décrit maintenant un léger coude vers la gauche. Environ un kilomètre les sépare encore du contrôle ultime.

Au bout d'un moment, Jurek ose pour la première fois parler à Cyla en polonais : « Comment te sens-tu ? »

Cyla ne répond pas. Le précédant de deux ou trois mètres, elle continue tout simplement à marcher droit devant elle.

« Stop ! » crie Jurek et Cyla sursaute.

Elle regarde Jurek dans son uniforme pendant un moment sans dire un mot. Ses lèvres tremblent.

« Qu'est-ce que ça signifie ? J'ai peur.

– Nous avons déjà fait la moitié. Il ne reste plus grand-chose et nous arriverons au contrôle.

– C'est bien de cela dont j'ai peur.

– Ce sont les nerfs. Il faut que tu te domines. Jusque-là tout s'est bien passé. »

Cyla finit par avoir un sourire timide : « Tu es tellement différent du Jurek des entrepôts. » Puis elle examine son amoureux des bottes à la casquette. Ses yeux s'arrêtent sur la tête de mort. Jurek voit les larmes dans ses yeux.

« Il faut continuer. »

Quelques minutes après ils atteignent les serres qui font partie du camp. Un chien aboie; des prisonniers sont occupés à soigner des plantes; un Allemand en uniforme qui semble s'ennuyer se tient près d'eux.

« Allez, allez, plus vite! » lance Jurek à Cyla.

Ils doivent ensuite passer devant un groupe de détenus qui creusent des fossés d'irrigation. Le *kapo* contrôle, avec un cordeau, si le fossé a les dimensions voulues. Lorsqu'il entend le bruit des bottes, il se retourne et regarde Jurek dans les yeux.

Jurek sursaute. Il s'agit du *kapo* Hermann, celui de la réserve du bois et du commando des faucheurs. Ils se connaissent tous les deux depuis les premiers jours du camp.

Jurek a du mal à contrôler sa démarche. Il est sur le point de passer devant Hermann lorsque celui-ci s'approche.

« Excusez-moi, Herr Rottenführer. Quelle heure est-il? Ma montre s'arrête sans cesse. »

Jurek s'immobilise, comme paralysé. Il relève un peu sa manche et fourre sans un mot sa montre sous le nez de Hermann. Il est 16 h 15. « Merci, Herr Rottenführer! »

Puis Jurek et Cyla continuent leur chemin, passent devant les plates-bandes du jardin potager, et peuvent déjà apercevoir le premier mirador à proximité d'un bouquet d'arbres, puis le second, et le troisième. Et au-delà, le village de Rajsko. Ils sont à cinq bonnes minutes du poste de garde lorsqu'un chien de berger s'approche en aboyant. Il tourne autour de Cyla et de Jurek en montrant les dents. Cyla devient nerveuse et recule instinctivement d'un pas. Jurek se penche et saisit une pierre avec laquelle il veut effrayer l'agresseur. À ce moment-là quelqu'un crie : « Rolf, aux pieds », ou quelque chose d'analogue, se rappelle plus tard Jurek. Ils continuent à avancer. Ils peuvent maintenant voir la guérite dans laquelle la sentinelle attend. Encore cent mètres.

Jurek encourage Cyla : « Tu dois être forte. » Il redoute que ses nerfs lâchent au dernier moment. La jeune fille se contente de faire un signe de tête.

Il veut prendre le laissez-passer dans sa poche de poitrine. Elle est vide. Encore cinquante mètres. La panique le saisit : surtout ne pas perdre les pédales. C'est alors que le porte-monnaie lui revient à l'esprit, il est dans le sac. Il trouve le document rangé avec les billets.

Encore trente mètres. La sentinelle sort tranquillement de sa guérite. Le SS boutonne sa veste d'uniforme, rectifie la position de sa casquette à tête de mort et joue avec son ceinturon. C'est un homme de haute taille, à la large carrure, de quarante-cinq ans environ. Il se balance sur ses talons de façon menaçante, les mains croisées derrière le dos.

Encore dix, quinze mètres. La bouche de Jurek est « comme desséchée ».

Cyla s'arrête maintenant; quelques pas encore et Jurek a atteint lui aussi la barrière.

« Heil Hitler, Herr Unterscharführer!
– Heil Hitler, Herr Rottenführer! »

Tremblant, Jurek sort le feuillet de la poche de sa chemise.

« Un plus un vers Budy et retour », dit-il calmement, ce qui dans le jargon administratif des camps nazis signifie qu'un SS doit escorter un détenu qui travaille dans le secteur de l'intendance de Budy et le ramener.

Il se passe un temps fou. L'Allemand commence par examiner le laissez-passer vert, puis il regarde Bielecki, puis Cyla, puis à nouveau Bielecki.

«Retour au commando Budy?

– Oui, Herr Unterscharführer.»

Un dernier coup d'œil au papier.

Mille idées se bousculent dans la tête de Jurek. Cette scène semble ne pas vouloir prendre fin.

Mais l'Allemand rend le papier à Jurek qui le prend et veut le replacer dans la poche de sa veste, il n'arrive pas à en défaire le bouton. Mon Dieu, se dit-il, Tadek aurait pu me procurer un uniforme usagé, celui-ci est flambant neuf. Il finit par ouvrir sa poche dans laquelle le papier disparaît.

«Heil Hitler!

– Heil Hitler!»

Cyla passe la première le poste de contrôle. Jurek la suit à pas mesurés.

Il ne peut pas encore réaliser que tout se soit passé sans histoires. Il pense que le type a remarqué quelque chose et qu'il ne va pas tarder à crier : Stop! On ne bouge plus! Peut-être même tirera-t-il sans sommation, se dit-il, il doit penser que je suis armé. Ses jambes manquent de se dérober sous lui, mais il continue à avancer. Ne pas s'arrêter. Il voit devant lui Cyla dans ses vêtements de travail bleus, avec la large bande rouge dans le dos qui indique qu'elle est une détenue. Il voudrait pouvoir se mettre à courir. Mais la raison l'empêche de céder à ses sentiments. Ou bien il voudrait se retourner. Mais cela aussi éveillerait inutilement les soupçons.

En outre Cyla avance courageusement. Pas à pas elle les conduit tous les deux vers la liberté.

Sa chemise lui colle à la peau et le démange de façon

désagréable. Encore quelques pas jusqu'à la grand-route. Un peu plus loin, dans la région marécageuse de Sola, une cigogne, comme perchée sur des échasses, traverse la campagne. À l'endroit où ils se trouvent un sentier débouche maintenant sur la route.

«Avance plus vite», murmure Jurek à Cyla entre ses dents. La route fait un coude sur la droite; au moment où il s'engage dans le virage, Jurek tente de jeter un coup d'œil rapide derrière lui : la guérite des sentinelles est tout à fait calme sous le soleil de plomb. La sentinelle s'est à nouveau installée confortablement à l'ombre.

Rajsko semble être un village complètement mort. Il y a longtemps que tous les habitants ont dû quitter le patelin situé dans la zone d'activités d'Auschwitz. Quelques centaines de mètres plus loin ils aperçoivent la Sola, qui serpente dans des prairies marécageuses. Une voiture à cheval s'avance au-devant des fugitifs, Cyla ralentit le pas. Jurek peut reconnaître sur le siège du cocher Wolf de la section agricole, il a sur sa remorque de gros bidons et pousse ses chevaux avec son fouet. Lorsqu'il passe à proximité des deux jeunes gens, il dévisage Cyla. Jurek sait que Wolf doit la connaître pour l'avoir vue dans les entrepôts de céréales. Wolf poursuit son chemin, mais se retourne encore deux fois, puis il disparaît dans le virage suivant.

«Ne te retourne pas, lui recommande Jurek. Je crois qu'il t'a reconnue.

— Et alors?

— Je ne sais pas.»

Ils poursuivent leur chemin sur un rythme accéléré et quittent la grand-route après le village de Rajsko pour suivre un sentier. Ils parviennent dans une forêt et y découvrent une clairière.

Cyla pose sa tête contre l'épaule de Jurek. Il l'entend pleurer en silence. Son fichu glisse un peu sur le côté et

Jurek lui caresse les cheveux.

«La chance ne nous abandonnera pas, lui dit-il pour la consoler, tandis que Cyla sèche ses yeux pleins de larmes. Peut-être est-il préférable que tu retires ton fichu blanc, il pourrait nous trahir.»

Puis ils continuent à avancer péniblement dans les chardons jusqu'à ce que Cyla s'arrête tout à coup et s'écrie : «Jurek, regarde tous ces papillons!»

Tout à coup un bruit de moteur fond sur eux, sans qu'ils sachent d'où il vient. Jurek reconnaît le bruit d'une camionnette bâchée. Ils entendent des SS en descendre avec des chiens. Est-ce possible qu'on les recherche déjà? Paniqué, Jurek tire Cyla de côté. Ils trouvent un refuge dans un buisson épais, mais ils ne peuvent pas y rester longtemps. Lorsque les Allemands prennent une autre direction, Jurek et Cyla courent dans les roseaux jusqu'à l'épuisement. Cyla tombe à plusieurs reprises sur le sol marécageux et Jurek l'entraîne à nouveau à sa suite, il la porte dans la gadoue qui leur monte jusqu'aux chevilles et l'encourage.

Au bout d'un moment ils arrivent près d'un pâturage. Au-delà il y a un champ. Un ouvrier est justement en train d'aiguiser sa faux, à côté de lui se tient une jeune femme qui chante une chanson triste. Ce sont des Polonais.

Jurek et Cyla retournent dans les roseaux et se cherchent un endroit approprié pour attendre qu'il fasse nuit; pendant la journée, cette contrée semble être trop dangereuse. Dans leur cachette, ils peuvent se reposer et manger un peu de saucisson et de pain. Cyla échange les sabots du camp contre une paire de bottes hautes. Jurek a même pensé à cela. Les sabots sont soigneusement enterrés dans le sol meuble.

Il va leur falloir marcher pendant six ou sept jours,

calcule Jurek, atteindre le gouvernement général et laisser derrière eux l'extrême pointe orientale du grand Reich allemand. Ensuite tout devrait aller très vite. En très peu de temps ils pourraient avoir rejoint les parents de Jurek.

« À quelle distance du camp sommes-nous ? demande-t-elle avec angoisse.

— Peut-être à deux kilomètres. Mais ici leurs chiens ne nous trouveront pas. L'eau détruit les traces.

— Notre destin repose dans les mains de Dieu. »

Ils ont tous les deux cessé de chuchoter.

La nuit tombe lentement. Et puis tout d'un coup ils entendent le hurlement des sirènes d'Auschwitz. Pendant deux trois minutes d'affilée. Il est 20 heures et la chasse aux évadés commence. Jurek sourit. Cyla tremble. « Maintenant ça va être l'enfer, dit-il et il se demande ce que Pomplun peut bien faire en ce moment. Il doit certainement courir dans tous les sens avec son pétard en hurlant. »

Pendant que Jurek s'imagine comment le SS va réagir en constatant l'absence de son *kapo*, Paul Pomplun parcourt les baraques en gesticulant et hurle : « Si j'attrape ce fils de pute, je l'abats sur-le-champ. De mes propres mains. »

Deux bonnes heures plus tard, Jurek et Cyla reprennent leur marche. Il n'est pas facile de s'orienter dans l'obscurité. Les fugitifs trébuchent constamment sur des buissons ou des flaques d'eau. Ils finissent par trouver un petit sentier qui facilite leur progression. Ils aperçoivent à distance des lumières qui tremblotent ; ils s'approchent prudemment et peuvent distinguer les silhouettes de jeunes gens avec des lampes de poche. Pendant un moment Jurek a l'espoir qu'il s'agisse de partisans opérant dans la région du camp, mais de sa cachette il peut observer les inconnus : ce sont des Allemands. Jurek bat prudemment en retraite.

Un moment après, ils atteignent un fleuve. Ils peuvent enfin étancher la soif qui les torture déjà depuis des heures, Jurek a même eu du mal à empêcher Cyla de boire l'eau souillée d'une flaque. Il est furieux contre lui, car il a oublié d'emporter une gourde.

D'une façon ou d'une autre, il leur faut franchir la Sola. Mais cela semble risqué. Maintenant les Allemands les recherchent, c'est sûr. Et l'une des premières mesures prises devrait être le contrôle des ponts.

Au sud une sirène hurle. Brièvement, puis le signal se tait. Il s'agit vraisemblablement d'une usine qui sonne le changement d'équipe. Jurek réfléchit. Non loin de là se trouve le village de Zasole, à proximité un pont près de Skidzyn enjambe la rivière. En clignant des yeux Jurek aperçoit un groupe d'ouvriers. Leurs lampes frontales scintillent dans la nuit. À distance Jurek observe les civils qui traversent le pont. On ne voit pas de militaires. Lorsque les ouvriers ont disparu, Jurek et Cyla se hâtent en direction du pont et se dirigent vers l'est en passant par les champs qui bordent la rivière.

Après avoir contourné un village dans lequel les chiens jappent, ils s'étendent dans un champ de seigle pour dormir.

22

Le 22 juillet 1944, à 19 h 35, le télégramme n° 4509 arrive à la « *Geheime Staatspolizei** – Bureau de Litzmannstadt***. » Il provient du camp de concentration d'Auschwitz I et est signé Baer, le commandant du camp :

« Concerne le détenu polonais Bieletzki, né le 28.3.1921 à Slaboschow, dernier domicile connu Michalowitze, arrondissement de Miechow, arrivé au camp le 14.6.1940. »

Le télégramme informe que Bielecki s'est échappé du camp KL-AU I, le 21.7.1944. Les opérations de recherche immédiatement entreprises ont été infructueuses jusque-là. Il est demandé de continuer à le rechercher. « Au cas où il serait pris, avertir immédiatement KL-Auschwitz. »

La missive donne en outre la description de l'homme : 1,78 m, cheveux blond foncé, parle polonais, yeux bleu-gris, signes particuliers : numéro 243 tatoué sur l'avant-bras gauche. « On recherche également une détenue juive portant le numéro 29558. »

Vers 10 h 30, Jurek et Cyla se réveillent dans le champ de blé. Il leur faut attendre jusqu'au soir et au bout d'un moment le soleil devient insupportable. Pour se distraire, Cyla se glisse hors de la cachette et cueille un bouquet de fleurs pour son bien-aimé. Puis elle essaie d'arracher la

---

* Gestapo.
** Lodz.

bande rouge dans le dos de ses vêtements qui permet de l'identifier comme une détenue d'Auschwitz. Pour le moment ils ont suffisamment à manger. Parfois un léger vent bienfaisant leur apporte le son d'une voix. Un garçon garde des vaches dans le champ.

* * *

Vers midi, Tadeusz Srogi se met en route vers la cuisine du camp avec quelques marmites. Il ignore encore tout de la fuite de son ami, et a l'intention de faire un détour par les entrepôts de céréales pour bavarder un peu avec lui. Mais dans le bureau, c'est Marian Wudniak qui est assis à la place de Jurek. «Ferme-la», lui glisse Marian, il prend Tadek à part et lui murmure avec un regard de conspirateur : «Jurek s'est enfui.»

Les genoux de Srogi se dérobent sous lui. Des milliers d'idées lui traversent l'esprit. «J'espère que Jurek a tout fait comme il faut», se dit-il avec angoisse, il craint que Jurek n'ait pas suffisamment bien caché son uniforme de prisonnier. «S'ils avaient trouvé les vêtements de détenus de Jurek, ils auraient compris que Jurek s'était enfui dans un uniforme de SS. Et alors les soupçons se seraient naturellement portés sur moi.»

Tadek quitte les entrepôts très énervé et essaie de préparer une version pour l'interrogatoire qui lui pend au nez. Il est convaincu qu'ils vont venir le chercher pour le questionner.

* * *

Vers le soir, des nuages noirs s'amoncellent dans le ciel. Puis il se met à pleuvoir. Après la canicule, la pluie est la bienvenue. Bien que la marche devienne maintenant plus pénible, Jurek interprète cette averse comme un heureux présage. «Quand il pleut, la plupart des gens restent chez eux.»

Les deux jeunes gens se mettent en route sans pouvoir s'orienter. Lorsqu'ils entendent des voix, ils font marche arrière et attendent que le danger soit passé, puis ils se hâtent à nouveau. Une fois, c'est un soldat allemand ivre qui les effraie. «Un sacré temps de merde, Hans», leur crie-t-il tout en pissant contre un arbre. Puis ils distinguent la silhouette des usines de Buna et peu après la lumière mate et peu amène de Auschwitz et de Birkenau.

Lorsqu'ils traversent des champs, ils essaient de laisser le moins de traces possible. Parfois, Jurek avance en zigzag pour tromper les éventuels poursuivants. Tout cela leur prend beaucoup de temps et de forces.

Et voilà maintenant que Cyla a continuellement des malaises. Parfois elle fond en larmes. «Je ne sais pas si je vais pouvoir tenir le coup», dit-elle et sa respiration s'altère.

Ivres de fatigue ils continuent à avancer et parviennent aux abords d'un village. Dans une maison de la lumière s'échappe encore de la fenêtre. À tout hasard Jurek s'approche de la bâtisse. Ils ne savent pas où ils sont et Cyla menace d'abandonner. Jurek frappe à la porte. Il entend le grincement d'un lit, peu après quelqu'un soulève un rideau, une femme regarde par la fenêtre, puis ouvre la porte de l'intérieur.

«Hermann, c'est toi?» Pendant quelques secondes Jurek reste figé dans l'obscurité, puis il se précipite vers Cyla. Ils traversent tous les deux le village au pas de charge et ne ralentissent leur rythme qu'en atteignant la sortie. Ici ils se sentent plus en sécurité. Même les chiens apeurés se taisent. Devant eux, à droite et à gauche de la grand-route, des champs; quelques mètres plus loin une grange.

Jurek aperçoit trop tard la braise d'un mégot de cigarette sur le sol. À seulement quelques mètres d'eux, des hommes montent la garde. On braque sur eux le faisceau d'une lampe électrique.

« Stop! On ne bouge plus! » ordonne l'un d'eux. Sur le coup, Jurek songe à s'enfuir, mais Cyla s'agrippe apeurée à lui et déjà la lumière de la torche l'aveugle. Trois Allemands entourent les fugitifs. Lorsque celui qui leur a intimé l'ordre de s'arrêter découvre l'uniforme de Jurek, la troupe baisse les armes qui menaçaient Jurek et Cyla. « Excusez, camarade! »

La lampe est dirigée vers le sol.

« Où allez-vous si tard?

– À Zator, improvise Jurek. Prendre le train. »

Le civil porte un long manteau et le brassard à croix gammée.

« Et d'où venez-vous, si je peux me permettre?

– De Walsdorf. Ma permission est terminée, je dois rejoindre mon unité, raconte-t-il. Ma sœur, ajoute-t-il en montrant Cyla, doit rester chez une tante à Zator.

– Est-ce que je peux voir votre permission? »

Le chef de patrouille ne sait pas bien ce qu'il doit faire de ces deux-là.

« Non, non, répond Jurek agacé, seuls les SS ont le droit de me contrôler.

– Vous vous trompez. Nous avons le droit de contrôler tous ceux qui passent. »

La discussion continue sur ce ton pendant quelques instants. Puis les archers du village se taisent embarrassés. Un silence tendu se fait. Jurek essaie de s'éloigner à petits pas du groupe. Tout d'un coup la lampe s'éteint. Avec une grande présence d'esprit, Jurek attrape Cyla et la précipite dans le fossé, saute à son tour derrière les épais buissons d'osiers qui bordent la route. Ils perçoivent alors le claquement nerveux des fusils derrière eux et voient des étincelles briller lorsqu'une balle fait des ricochets sur l'asphalte. Hors d'haleine, ils atteignent un champ sur le sommet d'une petite colline et disparaissent parmi les épis. Ils se serrent frissonnant l'un contre l'autre dans l'humidité. Jurek sent les battements du cœur de Cyla. Il y a longtemps que ceux qui sont à leur trousse ont perdu leurs traces dans l'obscurité. Ils restent quelques instants immobiles sous la bruine pour reprendre des forces. Puis ils continuent leur chemin, car le champ ne peut pas leur offrir de protection sûre. Ils sont encore trop près de localités habitées par les Allemands, le champ dans lequel ils se trouvent leur semble trop exposé; un bois pas trop éloigné semble leur offrir un refuge plus sûr. Épuisés, les fugitifs sombrent peu après sous un épicéa dans un profond sommeil.

L'état de Cyla s'aggrave continuellement. Elle a ses règles. De plus en plus souvent elle reste allongée en larmes et se tient le ventre secoué de spasmes. Jurek déchire sa chemise et lui tend des morceaux de tissu, il n'y a pas d'eau dans le coin. Il remarque des cernes profonds et noirs sous les yeux de sa bien-aimée, il pose sa main sur son front et constate que Cyla, épuisée, a de la fièvre et que son pouls s'emballe.

Les forces de Cyla diminuent. «Tout m'était égal, qu'ils m'attrapent ou non, se rappelle-t-elle des années après. Je voulais simplement qu'on me laisse tranquille, je voulais seulement me coucher par terre. J'ai supplié Jurek de m'abandonner à mon destin, parce que je n'étais qu'une charge pour lui. S'il m'avait laissée là, il aurait eu de plus grandes chances de s'en sortir.»

Mais Jurek ne veut rien entendre. «Nous nous sommes sauvés ensemble du camp, maintenant nous restons ensemble.»

Deux jours ont passé et Tadek n'a toujours pas été convoqué par la section politique. Il se rend comme chaque jour à la cuisine avec une assiette à soupe lorsqu'une voiture tirée par des chevaux vient au-devant de lui. Le cocher, un SS, le reconnaît et s'arrête immédiatement.

«Tu as aidé Jurek, hurle-t-il en faisant claquer son fouet dans l'air.

– Quelle opinion avez-vous donc de moi? balbutie Tadeusz. Comment aurais-je pu faire cela?»

Il ajoute qu'il a remarqué que ces derniers temps, Jurek était souvent avec des SS et qu'il avait même bu de la vodka. Il les soupçonne d'avoir quelque chose à voir avec cette disparition. De façon incompréhensible l'Allemand laisse Tadek tranquille et s'en va. «Un jour ou l'autre, ils vont venir me chercher», continue cependant à penser le détenu.

Il y a maintenant cinq jours que Jurek et Cyla sont en cavale. Ils ont déjà englouti une partie de leurs provisions : aussi bien le kilo et demi de pain de soldat qu'une partie de la viande en conserve qui apaise la faim, mais dont la salaison augmente la soif de façon insupportable. Lorsqu'ils passent près d'un ruisseau, ils boivent; s'ils découvrent des légumes ils se remplissent les poches. En chemin ils mâchent des grains de blé.

La plupart du temps ils ne peuvent s'orienter qu'avec le soleil. Maintenant ils suivent les voies de chemin de fer. Ils ne pourront pas surmonter longtemps encore leur fatigue, craint Jurek lorsqu'il voit à bonne distance une ferme soignée. Des arbres fruitiers entourent la chaumière.

«Devons-nous prendre le risque de demander notre chemin dans cette ferme?» s'interroge Jurek porté par l'espoir de tomber maintenant sur des Polonais. Peut-être ces gens sont-ils prêts à les aider? En tout cas, la mise en scène exige qu'on prenne son temps. Il voudrait enfin avoir affaire à des compatriotes et pouvoir se débarrasser de l'uniforme nazi qu'il déteste.

Il frappe, entend des pas, attend impatiemment.

Puis une femme apparaît en robe de chambre et reste médusée sur le seuil de la porte.

«Bonjour. Êtes-vous allemande? interroge aimablement le visiteur.

– Oui.

– Dites-moi. À quelle distance de la frontière du gouvernement général se trouve-t-on ici?

– Aucune idée, répond la femme décontenancée. Mais je peux poser la question à mon mari, il est cantonnier.»

Elle ferme la porte. Pendant plusieurs minutes il ne se passe rien. Jurek frappe à nouveau. Impatient. Il ne voudrait pas rester trop longtemps chez les Allemands. Son regard se pose sur les alentours. Il découvre une ligne téléphonique qui pénètre dans la maison et saisi de panique, il s'enfuit avec Cyla. Sur ces entrefaites, le jour s'est levé. «C'était une erreur d'évoquer la frontière», constate-t-il calmement et cette négligence l'énerve, elle est bien le signe que sa concentration diminue.

La cavale qui dure depuis trop longtemps maintenant use leurs nerfs.

À un moment Jurek voit un fil de fer barbelé et croit déjà avoir atteint la frontière tant désirée, mais ce n'est que la clôture d'un pâturage.

Maintenant ils avancent bien. Ils traversent des champs, Jurek porte Cyla pour franchir un ruisseau et ils suivent une route pendant des kilomètres.

Au camp on ne semble toujours pas soupçonner Tadek d'avoir aidé Jurek à s'évader. Au bout de quelques jours il est rassuré : personne n'est encore venu le chercher. On n'a pas non plus demandé de comptes aux autres détenus des entrepôts. Toutefois, un beau jour, une étrange nouvelle arrache Tadek à sa tranquillité : un détenu a été convoqué pour une raison anodine à la section politique. Il revient et prétend qu'on raconte que Jurek et Cyla ont été repris et qu'on est en train de les torturer.

Tadek et Jurek s'étaient promis de ne pas se dénoncer l'un l'autre. Mais est-ce que Jurek pourra garder le silence sous la torture? Tadek devient presque fou : il craint qu'on établisse un lien entre les fugitifs et lui, et se fait aussi du souci pour son ami. « Ce n'est pas mon problème, se dit-il pour s'apaiser. Jurek doit assumer les conséquences de son acte. »

Lorsqu'il constate que les bruits ne sont pas confirmés, il est certain que les SS ne savent rien.

* * *

Ils passent la nuit dans un champ de blé. Cyla se réveille. Des bruits l'ont tirée du sommeil. Elle tire précautionneusement Jurek par la manche : « Psst. Tu entends? Il y a deux personnes qui parlent. »

Jurek rampe prudemment à travers le champ. À quatre mètres à peine de leur bivouac, un homme de quarante-cinq ans environ, estime Jurek, aiguise une faux. À ses côtés une jeune femme lie en gerbe les épis coupés. Jurek reste un moment immobile, il retient sa respiration et attend que l'homme et la femme reprennent leur conversation. Tout d'un coup l'homme à la faux dit quelque chose en polonais. Jurek retourne, soulagé, vers Cyla. Ils se concertent rapidement. Ils ne peuvent pas rester, les blés vont être coupés. Soit ils essaient de se faufiler en dehors du champ tout de suite, ce qui ne devrait pas être facile parce qu'ils ont peu d'avance sur le faucheur et qu'il est presque impossible d'effacer les dégâts qu'ils ont faits. Soit ils se montrent. Ce sont les premiers Polonais qu'ils voient depuis des jours. Jurek est persuadé que leurs compatriotes les aideront.

Il décide d'aborder l'homme. Il se défait péniblement de son uniforme, quitte sa casquette de SS. Puis il rampe jusqu'au bord du champ, il n'est plus qu'à deux, trois mètres de l'ouvrier agricole, il se met sur les genoux prudemment et lève la main.

«Je suis dans une situation critique, dit-il. Je me suis caché ici parce que j'ai échappé aux Allemands. Ils m'ont envoyé au travail obligatoire à Breslau, mais je veux retourner sur le territoire du gouvernement général et je ne trouve pas le chemin. Je suis Polonais et chrétien. Pouvez-vous m'aider?»

L'homme reste immobile sans manifester la moindre émotion, puis il plante sa faux dans la terre, s'appuie dessus et réfléchit. Jurek ne le quitte pas des yeux. L'homme a une forte corpulence marquée par les travaux agricoles qu'il accomplit depuis des années. Son visage plaît à Jurek. Il a l'air énergique, se dit-il. Il estime que la jeune femme a environ vingt-cinq ans. Elle regarde avec curiosité ces drôles d'étrangers.

«Je peux vous dédommager de l'aide que vous m'apporterez. J'ai encore un peu d'argent et je paierai vos services.

— Arrêtez de parler d'argent. Si je vous aide, ce n'est certainement pas pour cela.

— Je ne voulais pas vous blesser. Il ne me reste plus que quelques reichsmarks et ils ne sont pas valables en Pologne.

– Bon, ça va, dit l'homme. Je vais rentrer à la maison et dire à ma femme que nous devons encore attendre pour faucher le champ et que nous arrêtons le travail pour aujourd'hui. Comme ça vous pourrez rester ici aujourd'hui. Ce soir vous viendrez chez moi. » Jurek n'aura qu'à suivre la lisière du champ, il arrivera à une clôture derrière laquelle se trouve un arbre fruitier. Il franchira le portail et verra à sa gauche la maison des Allemands pour lesquels il travaille, à droite c'est chez lui.

Puis l'homme et la jeune fille abandonnent leur travail et Jurek retourne auprès de Cyla qui a essayé de suivre la conversation depuis leur cachette.

«Ils veulent nous aider, annonce-t-il. Je vais aller chez eux ce soir. Mais il se peut aussi que ce soit un piège, il est donc préférable que tu restes ici. »

Cyla réagit hystériquement au plan de Jurek. «Ne me laisse pas seule», le supplie-t-elle. Mais Jurek ne fléchit pas : «S'ils préviennent les Allemands, ces derniers n'attraperont que moi. » Si tel était le cas, ajoute-t-il, elle devrait essayer de marcher dans la direction de Cracovie, vers l'Est. «Contourne Slomniki, puis rejoins le village de Muniakowice. Cherche M. Jan Marusa, c'est mon oncle. Raconte-lui tout; il t'aidera. »

Le soir venu, il enlace Cyla et l'embrasse encore une fois, puis il se met en route.

L'ouvrier agricole prend tranquillement le frais devant la porte de sa petite maison qui ressemble plutôt à une grange; il fume une cigarette. «Vous m'avez fait attendre. Entrez. »

Dans l'aménagement modeste de la pièce, la seule source de lumière est le poêle, dans lequel quelques bûches sont incandescentes. Dans un berceau un bébé pleure. La femme prend tendrement le nourrisson et lui met une sucette dans la bouche. Puis elle se tourne vers

Jurek. « Vous avez mauvaise mine, dit-elle et elle lui caresse la joue d'un air compatissant. Je vais vous apporter tout de suite quelque chose à manger. » Elle revient avec une marmite dans laquelle une bouillie d'orge épaisse nage dans du petit lait.

« Il y a des jours que je n'ai rien mangé, avoue Jurek.

– Mais vous avez de l'argent.

– Oui, mais la peur d'être pris était trop forte, et j'ai donc essayé de me frayer un chemin sans traverser les villages. »

Pendant un moment les hôtes continuent à lui poser des questions, puis, avant même d'avoir commencé à toucher à la nourriture, Jurek les interrompt.

« Ne vous fâchez pas, mais ma sœur est encore dans le champ de blé. » Il y a longtemps qu'il sait qu'il peut faire confiance aux deux ouvriers agricoles.

« Fonce, mon garçon, va chercher ta sœur », ordonne la jeune mère à Jurek déjà prêt à bondir.

Cyla a eu du mal à attendre son retour. À peine a-t-il fait entendre le sifflement dont ils sont convenus qu'elle s'élance hors du champ. « Jurek, c'est toi ? » Elle pleure de soulagement. Ils restent ainsi un court instant l'un près de l'autre dans la nuit de pleine lune, puis il l'invite à le suivre. « Nous allons dîner. »

Le repas ne pourrait pas être meilleur. Ils restent longtemps avec les Polonais qui, se montrant hospitaliers, les resservent et leur offrent une cigarette. « À quelle distance de la frontière sommes-nous ? » se renseigne Jurek. Il apprend qu'il ne leur reste que trois kilomètres à parcourir.

Il ne peut pas les accompagner lui-même, explique l'homme, il n'est pas du coin et ne sait pas bien où passe la frontière. Mais il a un cousin qui habite dans le village voisin, à deux kilomètres seulement. Il va les accompagner un peu.

Puis ils prennent congé de la jeune femme. Jurek sort de son porte-monnaie cinq ou six billets de cent reichsmarks que la femme refuse d'abord, puis accepte. «Je n'en ai vraiment plus besoin, nous serons bientôt en Pologne.» Puis le petit groupe se met en route.

Jurek a fourré sa veste d'uniforme et sa casquette dans son baluchon avant de se rendre chez les paysans. Maintenant il les sort, arrache le col de la veste et les boutons, les épaulettes et les manches, pour en faire un gilet. Il conserve les manches, elles pourront lui servir de chaussettes si besoin est. Le reste – étui du pistolet, col et casquette –, il le jette.

Dans son pantalon raide de crasse, la chemise brune et le gilet, il ressemble à de nombreux civils en ces temps de guerre.

Ils ne tardent pas à atteindre la localité de Bachowice. En les quittant le paysan leur dit : «Vous allez bientôt passer devant une chapelle. Vous devrez tourner à droite, suivre un petit chemin; mon cousin habite dans la troisième maison à droite. Il est organiste à l'église et s'appelle Stanislaw Kosowski. Dites-lui que c'est moi qui vous envoie. Mon nom est Wojciech. Bonne chance.» Puis il s'en retourne. Les douze coups de minuit ont sonné depuis longtemps.

Les aboiements de son chien ont dû réveiller Kosowski, pourtant au début il ne réagit pas lorsqu'on frappe à sa porte. «Ouvrez, s'il vous plaît, crie Jurek. C'est M. Wojciech de Grodzisko qui nous envoie. Je suis le parrain de son enfant.» La méfiance de l'organiste s'apaise rapidement. Une couverture sur les épaules et en caleçon il sort et éclaire, pour ces hôtes tardifs, le chemin avec une lampe à pétrole.

Jurek raconte avec force détails sa vie au travail obligatoire à Breslau et remercie poliment pour le repas qu'on

199

leur propose. « Nous avons déjà mangé. » Peu après, Jasiu, le fils de dix-huit ans, la fille et la femme de Kosowski arrivent également. Après s'être rapidement concertés, ils décident de cacher Cyla et Jurek dans la grange.

Ces derniers y passent deux nuits. La nourriture est excellente, et ils ont enfin la possibilité de se laver des pieds à la tête. Jurek peut même se raser. Ils peuvent scruter les alentours par les interstices des planches de la grange. Ils attendent impatiemment le guide qu'on leur a promis et qui doit les conduire du côté polonais. Cela semble être enfin le cas le matin du deuxième jour. Très tôt le chien aboie et une voix de femme tente de le calmer. « Azor, tu ne me reconnais pas ? » Puis l'inconnue disparaît à l'intérieur de la maison. Peu de temps après, Jasiu arrive dans la remise et annonce brièvement : « Préparez-vous, on vous emmène à la frontière. » Il conduit Jurek et Cyla dans la salle où sa mère veut préparer un dernier petit déjeuner.

« Pas question, dit avec autorité la vieille femme qui porte un fichu sur la tête. Nous devons nous dépêcher, le jour va bientôt se lever. »

Mme Kosowski emballe précipitamment des victuailles, puis les hôtes doivent quitter la maison. La vieille porte un grand panier. Elle donne également un panier à Cyla dans lequel elle verse des myrtilles qu'elle a apportées dans une boîte. « Nous allons ensemble jusqu'à la forêt, leur dit-elle. Et si nous sommes contrôlés, vous direz que vous ramassez des myrtilles. »

Puis ils s'engagent tous les trois sur un chemin à travers champ. Il monte légèrement, mais n'est toutefois pas trop pénible. Au bout d'un moment, ils atteignent le bois derrière lequel passe la frontière du gouvernement général. La femme s'arrête et donne ses instructions aux deux jeunes gens : « Écoutez, les enfants. Je vais maintenant marcher devant vous et ramasser des myrtilles. Vous devez faire comme moi. Suivez-moi à bonne distance, mais ne me perdez pas des yeux. Si la situation se présente mal, je ferai demi-tour et alors vous ferez comme moi.

– Ne le prenez pas mal, lui dit Jurek. Mais pour ce que vous faites maintenant pour nous, nous voudrions vous donner de l'argent». Il tire alors cinq cents reichsmarks de sa poche et veut les donner à la vieille. Mais celle-ci refuse énergiquement. «Je brûlerais éternellement en enfer si j'acceptais de l'argent de détenus d'Auschwitz.»

Et leur fuite continue à travers la forêt. Çà et là Cyla et Jurek trouvent des myrtilles qu'ils mangent aussitôt. Il y a environ un quart d'heure qu'ils sont en route, lorsque la «cueilleuse de myrtilles» s'arrête brusquement. Ils ont atteint la lisière de la forêt. Au-delà apparaît un chemin pavé. «C'est la frontière, explique-t-elle aux évadés. Mais soyez prudents. Toutes les vingt ou trente minutes, une patrouille passe. Bon et maintenant rendez-moi le panier.» Jurek cache discrètement cinq billets sous les myrtilles. Puis ils embrassent la vieille femme. «Que Dieu vous conduise, mes enfants», leur dit-elle en les quittant, puis elle se dirige vers un champ d'avoine et se signe.

Arrivé à la lisière, Jurek scrute les environs. La femme qui les a aidés n'a pas bougé et elle les suit des yeux.

Caché derrière un buisson d'épineux, Jurek observe la frontière. Il voit de l'autre côté un vieil homme avec une vache. Le paysan s'approche, il a vu les deux silhouettes cachées derrière le buisson.

«Cachez-vous dans le champ», leur crie-t-il en leur adressant un signe de la main.

Puis Jurek et Cyla entendent des pas lourds. Ce sont probablement deux ou trois soldats. Lorsqu'ils aperçoivent le vacher, ils l'interrogent.

«Stop! Qu'est-ce que tu fais ici?

— Je fais paître ma vache, vous ne le voyez pas?

— D'où viens-tu?

— Des environs. J'amène ma vache ici tous les jours à la pâture.»

Puis les policiers de la frontière continuent leur patrouille de contrôle. C'est seulement après que le vieil homme s'approche.

«Vous pouvez sortir.»

Jurek le remercie.

«Quelle est la direction de Cracovie?

— Toujours tout droit, d'abord en suivant le sentier à travers champ, puis vous arrivez sur une route qui conduit à un village. C'est Brzeznica. Traversez-le, tournez vers la droite et demandez où se trouve la Vistule.»

23

Cyla et Jurek suivent le conseil du vacher. Après une bonne heure et demie de marche ils atteignent la Vistule qui, à cet endroit, a bien quinze à vingt mètres de large; un bac permet de franchir le fleuve. Sur le quai quelques personnes attendent déjà la première traversée malgré l'heure matinale. Ils sont là depuis peu lorsqu'une voiture à cheval fait son apparition. En haut sur le siège du cocher, il y a un soldat de la Wehrmacht accompagné d'un prisonnier de guerre russe. Jurek sursaute de peur, mais l'Allemand ne remarque pas les deux fugitifs.

Lorsque le bac arrive à quai, le batelier fait le tour des passagers pour encaisser le prix de la traversée. Jurek est frappé de stupeur. Le trajet coûte un zloty et il n'a que des reichsmarks, et en plus seulement en grosses coupures. Embarrassé il tend au batelier un billet de cent marks. « Gardez votre argent », lance ce dernier à Jurek manifestement très perturbé qui ne dit mot, tout en calculant qu'il aurait pu toucher à peu près quatre cents fois le prix normal d'un voyage. Mais ce n'est pas ce qui le turlupine le plus. Il redoute bien davantage que deux voyageurs en haillons qui paient avec des reichsmarks éveillent les soupçons du commandant. Et naturellement il n'échappe pas au batelier qu'il a affaire à deux êtres qui sont en détresse.

« Lorsque nous aurons atteint la rive, n'avancez pas tout droit, conseille-t-il discrètement aux deux étranges passagers. Là-bas, les Allemands contrôlent les allées et venues, car il y a beaucoup de contrebande dans la région. Suivez la Vistule pendant à peu près un kilomètre, et dépassez le village de Liszki.»

Le conseil arrive à point. Jurek et Cyla contournent sans problème le poste de contrôle allemand. Le soir ils ont déjà atteint Michalowice. La région est familière à Jurek. Ils passent la nuit sur une hauteur à bonne distance des habitations. Depuis longtemps déjà, depuis que Karol Bielecki a été muté comme secrétaire de mairie dans la localité voisine de Igolomia, les parents de Jurek n'habitent plus ici.

Après avoir passé une nuit au milieu des gerbes de céréales, ils se remettent tous deux en route. Maintenant la maison de son oncle Jan Marusa – le but que Jurek s'est fixé – n'est plus très loin. Avant la guerre, Marusa était officier de réserve, et maintenant il gère une grosse ferme de vingt hectares à Muniakowice.

Ils commencent par traverser des champs, puis suivent la grande route en direction de Slomniki. Il est plus prudent d'éviter ce village, pense Jurek, car des soldats allemands y sont stationnés. Trois kilomètres avant Slomniki, ils quittent donc la route et prennent un chemin à travers champ qui traverse un petit hameau.

Mais à Niedzwiedz, ils ont une surprise. De très loin Jurek aperçoit un groupe de SS ukrainiens. Ils sont autour d'une fontaine et portent l'uniforme de la «Division Galicie». Juste avant qu'ils ne remarquent les deux promeneurs solitaires, Jurek entraîne Cyla dans une haie. Il explique à la jeune fille que les Ukrainiens sont encore bien pires que les Allemands; ils détestent les Allemands et assassinent n'importe qui. Ils rebroussent chemin et choisissent une autre voie. Ils font une pause sous des peupliers, et l'après-midi atteignent sans véritables difficultés la région de Muniakowice. Il serait trop risqué de pénétrer en plein jour chez l'oncle de Jurek. Ils se dirigent donc d'abord vers une petite colline des environs. De là-haut, ils peuvent apercevoir la maison de l'oncle. Jurek la montre à Cyla. Puis ils dorment un peu; lorsqu'il fera nuit, ils descendront dans le village.

* * *

Jurek tambourine à la porte.

« Qui est là? demande quelqu'un à l'intérieur, c'est Jan Marusa.

– Tonton, c'est moi.

– Qui?

– Jurek

– Quel Jurek?

– Jurek, Jurek Bielecki »

Jan Marusa n'arrive pas à comprendre.

« Jurek, je te croyais prisonnier au camp. »

Puis ils se tombent tous dans les bras les uns des autres. L'oncle fait entrer dans la maison les deux jeunes gens qui ont l'air tellement épuisés. La femme de Jan, la tante de Jurek, et sa cousine Maria qui a dix-neuf ans ne dorment pas encore. Vite on met le couvert et on apporte la vodka. La tante pleure de joie. Puis Jurek et Cyla racontent pendant des heures leur évasion et les Marusa les informent du destin du reste de la famille.

Cyla et Jurek prennent ensuite un bain chaud et on leur donne des vêtements propres. La tante a vite deviné que la jeune fille est juive. Lorsqu'elle en parle à Jurek, il lui explique les origines de son amie.

Jurek et Cyla restent deux jours à Muniakowice. Puis ils reprennent la route pour se réfugier chez l'aïeule de Jurek, Marcjana Klimczyk à Janikowice.

Tout comme les jours précédents, Jurek et Cyla ne quittent leur cachette qu'à la tombée du jour. Et il est donc déjà bien tard lorsqu'à deux cents mètres de la maison de l'aïeule ils sont arrêtés brusquement.

«Où allez-vous?» demande une voix sévère. Jurek n'en croit pas ses yeux, il se trouve face à un partisan polonais qui monte la garde.

«Dans la maison de mes arrière-grands-parents.» À ce moment précis, Jurek trouve cette mise en scène complètement absurde.

Puis un second patriote polonais sort de l'obscurité.

«Conduis-le chez ses arrière-grands-parents», ordonne-t-il au premier.

Ils ont à peine atteint la maison de l'aïeule que la porte s'ouvre de l'intérieur et trois autres partisans en sortent.

La vieille dame n'en croit pas ses yeux, lorsque son arrière-petit-fils se trouve soudain devant elle. Des larmes coulent sur son visage ridé. Puis c'est le schnaps qui coule. Jusqu'au petit matin on boit avec les partisans. Jurek et Cyla doivent sans cesse recommencer à raconter leur histoire. Ils finissent par tomber épuisés et éméchés dans leur lit.

Après cette nuit fatigante, Jurek a des difficultés le lendemain matin pour comprendre immédiatement ce que veut la forme humaine qui se tient au pied de son lit, tire sur son pyjama et lui crie tout excitée qu'il est l'heure de se lever.

C'est Leszek, le frère de Jurek. Il se bat depuis long-temps dans l'*Armia Krajowa*, et c'est lui qui a installé dans les deux granges de la ferme une troupe de cent cin-quante hommes. Les deux frères se revoient enfin après quatre ans.

Leszek explique qu'il ne peut pas rester longtemps. En réalité c'est un pur hasard s'il se trouve dans la région avec son bataillon. On est le 3 août 1944 et depuis deux jours les partisans de l'*Armia Krajowa* se battent à Varsovie où le général Bor-Komorowski a appelé à un soulèvement national. Pour commencer, ce sont quatorze mille soldats polonais, puis trente-six mille qui, en quelques jours, ont réussi à mettre quelques rares quartiers de la ville sous leur contrôle, mais qui ont été anéantis peu après.

Leszek et son groupe de partisans lèvent rapidement le camp pour se diriger vers le nord, tandis que Jurek et Cyla restent encore deux semaines chez l'aïeule. Jurek attend maintenant l'arrivée de sa mère. Quand il était encore au camp, il lui avait fait parvenir une lettre, en évitant la censure, pour la mettre au courant de son évasion imminente. « Irenka va bientôt venir à la maison », était leur message codé. Maintenant elle est informée de la réussite de l'évasion. Elle arrive à Janikowice le 6 août.

Pour Jurek, les retrouvailles avec sa mère bien-aimée sont « la plus grande joie qu'il n'ait jamais éprouvée ». Mais au bout de quelques jours, les premières tensions se manifestent. La catholique pieuse s'enquiert de plus en plus souvent du destin qui attend son fils et sa future femme. « Comment cette situation va-t-elle pouvoir durer ? demande-t-elle, cachant à peine son malaise devant le fait que l'élue de son fils est de religion mosaïque. Comment vos enfants seront-ils élevés ? » Jurek essaie d'échapper aux questions dont elle le presse, mais l'entêtement de cette mère qu'il vénère plus que tout le met dans une situation intenable.

Cyla se souvient des années plus tard qu'elle avait évité au début de dire quelle était sa religion.

« La mère de Jerzy disait : "Cyla est juive ! Cyla est juive !" Je répondais toujours : "Non, non je ne le suis pas." Tout le monde a cet instinct de survie. Je ne devais dire à personne que j'étais juive. »

Zofia Bielecka s'est installée chez sa grand-mère.

Pour Jurek il est de plus en plus évident que sa mère n'approuve pas sa liaison avec Cyla. « Elle nous a espionnés. J'ai deviné qu'elle ne pouvait pas accepter notre amour. »

Jurek affirme que « Cyla était d'accord pour que les enfants soient élevés chrétiennement. »

Cyla se souvient : « Jurek me pressait de lui promettre deux choses : ne jamais dire que j'étais juive et mener la vie d'une catholique, et d'autre part de faire élever nos enfants par une religieuse. »

Dans le village la nouvelle de l'évasion sensationnelle des deux détenus d'Auschwitz se répand rapidement, tout comme celle qu'une Juive habite dans la maison des Klimczyk.

Jurek quand il va au village avec ses copains pour boire un verre doit toujours recommencer à raconter les mêmes histoires. Et il n'est pas rare que ses amis lui demandent pourquoi c'est précisément avec une Juive qu'il s'est évadé. Il aurait bien pu aussi se choisir une chrétienne. « Tout le monde connaissait notre histoire », se souvient Jurek. Mais cette popularité du héros a aussi des inconvénients. Des inconnus viennent constamment, certains de loin. Des membres de leur famille se trouvent également au camp et ils espèrent obtenir des nouvelles par les évadés.

Il y a déjà deux semaines que Cyla et Jurek sont à Janikowice. Jurek est au village avec les autres jeunes gens, lorsqu'un drame se produit dans la maison de l'arrière-grand-mère.

« La mère de Jurek m'a donné un paquet de bonbons, raconte Cyla, et m'a dit de quitter la maison. Elle m'a dit d'aller où je voulais. Mais je ne savais pas où. L'Armée rouge avançait et les Allemands se trouvaient encore dans le pays. J'étais convaincue que cela aurait signifié pour moi, qui étais juive, la mort certaine. Je sortis en courant dans la rue et me mis à pleurer. Qu'allais-je devenir ? Dans cette situation j'étais livrée au premier venu. Tous les paysans auraient pu m'attraper et m'enfermer quelque part. Lorsque Jurek revint à la maison et apprit ce qui s'était passé, il me courut après en criant "Cylinka, Cylinka". Lorsqu'il m'eut rejointe, il me serra dans ses bras et nous nous laissâmes tomber sur le sol. Nous avons pleuré ensemble. Il me jura de ne plus jamais me laisser seule et de ne plus jamais retourner chez lui. »

Jurek lui aussi se souvient d'avoir trouvé ce jour-là Cyla complètement décomposée dans la rue devant la maison de son aïeule. « Je remontais de la vallée et vis Cyla pleurer. Elle me raconta toute l'histoire. Je l'ai prise avec moi et nous nous sommes enfuis ensemble sans dire au revoir à ma mère. Notre but était le village de Przemenczany. Un oncle paternel y habitait : Leon Banaszak. »

L'oncle Leon offre asile aux deux jeunes gens. Pendant un temps ils trouvent le calme chez lui, dans ce village retiré. Mais ensuite la nouvelle se répand dans les environs, on sait qui sont les hôtes qui séjournent dans la maison des Banaszak. Ici aussi il est de plus en plus fréquent que des inconnus les interpellent pour avoir des informations sur Auschwitz. « Nous sommes restés pendant assez longtemps dans ce village, raconte Jurek, et toute sorte de gens sont venus nous voir. La voisine avait parlé de nous à sa voisine, une tante à sa tante, une cousine à sa cousine, et c'est ainsi que des gens tout à fait inconnus se manifestèrent et nous posèrent des questions. "Est-ce que vous avez des nouvelles de mon fils qui est lui aussi à Auschwitz?" et, "Est-ce que Cyla est réellement juive?" Rien que ce genre de questions. »

Au bout d'un mois, la situation ne convient plus à l'oncle Leon. Il le fait savoir par un messager à Zofia Bielecka. Il faudrait trouver une autre solution. Car à seulement quelque quatorze kilomètres, il y a un poste de police de la Sûreté nationale allemande. Ce n'est qu'une question de temps, un espion à la solde des nazis ne va pas tarder à apprendre toute l'histoire et ils vont tous être envoyés à Auschwitz.

Peu après, Zofia Bielecka arrive, cette fois en compagnie de son plus jeune fils, Karol.

On se concerte. Puis Zofia Bielecka et Leon Banaszak trouvent une solution. Le mieux serait que Cyla et Jurek se séparent pour quelque temps, car c'est un couple d'évadés qui est recherché. L'oncle Leon a une nouvelle idée : dans les environs vit une famille de paysans, ce sont ses amis et ils ont déjà à plusieurs reprises aidé des Juifs. Ce sont des gens simples qui vivent dans un petit village loin de tout. Leur maison a de plus l'avantage d'être dissimulée derrière des arbres. Une cachette idéale pour Cyla, pensent Leon et Zofia.

« Lorsqu'il fut décidé que nous allions nous séparer, se souvient Jurek, Cyla était désespérée. Elle pleurait, la pauvre, elle sanglotait, elle ne voulait pas rester toute seule, elle disait qu'elle ne pouvait pas me quitter et que l'on ne devait pas essayer de nous séparer. Puisque nous avions surmonté toutes les difficultés jusqu'ici, disait-elle, il fallait que nous restions tous les deux, pour vivre ensemble la libération et la véritable liberté. Mais le point de vue plus raisonnable de ma mère et de Leon finit par s'imposer. J'ai juré à Cyla de revenir la chercher dès que la guerre serait finie, et elle m'a assuré qu'elle m'attendrait. La séparation a été dure. Nous avons passé plusieurs heures ensemble avec ma mère la veille du départ. »

Le but du voyage est Gruszow. On fait halte devant la maison de la famille Czernik. Les paysans reçoivent très chaleureusement Cyla, Jurek, Zofia, Leon et le frère de

Jurek, Karol. Ils ont l'air sympathique. Ils accueillent leur nouvelle employée avec un petit verre de vodka. Et la maîtresse de maison, Genowefa Czernik, assure qu'elle va traiter Cyla comme sa fille. Jurek et Cyla passent toute la soirée sous un poirier à proximité de la maison. Cyla supplie Jurek de lui promettre de venir la chercher dès que la guerre sera terminée. Aucune promesse ne semble plus facile à Jurek que celle-là. Il n'a encore jamais douté de l'amour qu'il éprouve pour Cyla.

Rassuré, Jurek quitte les Czernik en compagnie de sa famille.

* * *

À Igolomia on a préparé une cachette pour Jurek. Le maître d'école, un grand ami du père de Jurek, a offert la cuisine de l'école. Devant la porte de la cuisine dans le corridor, il a placé une grande armoire. En outre, Jurek a la possibilité de s'échapper : au cas où quelqu'un découvrirait la porte dissimulée derrière l'armoire, une sortie dérobée, ignorée de tous, donne dans la cour.

Il n'est pas étonnant que la cuisine dans laquelle vit désormais l'évadé d'Auschwitz serve de cache d'armes pour les partisans. Lorsque ces derniers reviennent à l'aube de leurs patrouilles – ils se déplacent seulement la nuit –, ils déposent leurs grenades dans le lit de Jurek. «Fais sauter les Allemands s'ils viennent», lui disent en riant les militants clandestins. Il ne faut pas longtemps à Jurek pour rejoindre, lui aussi, l'*Armia Krajowa*.

Parti en 1940 pour se battre avec l'armée polonaise, il la rejoint enfin en 1944, après quatre années de détention dans l'un des camps de concentration allemands les plus affreux.

La nuit il accompagne les autres dans leurs patrouilles, la journée la route appartient à la Wehrmacht.

Jurek est parti avec deux camarades. Ils portent chacun un pistolet mitrailleur et un revolver. Se sentant en sécurité, ils avancent lentement dans la rue principale du village. Tous les trois, ils entendent soudain des pas qui éveillent leurs soupçons. Ils savent qu'il y a dans les environs un terrain d'aviation allemand. Et non loin de là se trouve une propriété dans laquelle les pilotes résident. Les inconnus n'en sont qu'à une vingtaine de pas, ce sont deux aviateurs ivres qui reviennent d'une virée nocturne. « Halte! Haut les mains! » hurle Jurek. Les deux hommes éméchés réagissent d'abord avec une certaine nervosité, puis ils se reprennent et veulent faire de l'esprit :

« Mais qu'est-ce que vous voulez?

– Vos armes, les Allemands donnent leurs pistolets.

– Ce n'est pas tout! » Jurek et ses compagnons ont constaté que les aviateurs portent de belles vestes de cuir : « Quittez vos vestes! »

Les pilotes s'exécutent, puis ils prennent leurs jambes à leur cou et s'enfuient vers leurs quartiers. Il n'y a pas eu de coup de feu. Jurek n'éprouve pas le besoin de tuer les occupants.

* * *

Chez les Czernik, Cyla se sent bien. « Dieu m'a enfin donné une fille », dit Genowefa Czernik que Cyla appelle désormais « petite tante ». Cyla se rend chaque jour aux champs en compagnie du fils de la maison et aide aux travaux agricoles, et elle aide aussi « petite tante » à tenir la maison. « Dans la famille Czernik, j'ai eu tout ce qu'il me fallait pour pouvoir continuer à vivre : un refuge, le couvert, l'affection. » Et Genowefa a désormais une fille.

Le 15 septembre 1944, deux ans après la déportation de Mala Zimetbaum, Mala et Edward Galinski sont transférés à Birkenau. L'après-midi dans le camp des hommes la sentence de mort est lue, d'abord en langue allemande, puis en polonais. Edek meurt sur le gibet en criant «Vive la Pologne!»

Dans le camp des femmes, on amène Mala, les bras attachés dans le dos. La commandante du camp, Maria Mandel, annonce qu'une punition exemplaire terrifiante attend la Juive qui a eu l'audace de s'enfuir. Toutes les détenues se sont rassemblées dans l'allée principale près de la section BIa pour un appel spécial; on les a disposées en arc de cercle. C'est alors que Mala sort une lame de rasoir, dégage son bras et tente de se couper les veines du poignet. Le chef du service du travail attrape le bras de la femme qui perd son sang et lui maintient dans le dos. Des détenus ont raconté après leur libération que Mala lui avait envoyé un coup de poing en pleine figure. «Je sais que je vais mourir, avait-elle crié, mais vous aussi vous allez mourir, vos jours sont comptés.» Puis Mala a été transportée sur une civière. Plus tard on a encore vu le corps de la mourante dans une charrette. Le bruit a couru qu'on lui avait fait une piqûre mortelle à l'infirmerie. D'autres ont raconté que le chef du service du travail l'avait abattue près des crématoires.

* * *

Dans le petit village de Gruszow non plus, la présence de Cyla n'est pas passée longtemps inaperçue. «Un jour un Polonais est venu, se rappelle-t-elle, et il a prétendu me connaître. Il a prétendu que mon véritable nom était Rosenbaum. Je lui ai dit que non : "Je m'appelle Cybulska, Cyla Cybulska." Je lui ai dit qu'il pouvait le vérifier à la mairie s'il le voulait. Puis il a exigé que je l'accompagne jusqu'à un arbre, il voulait parler de tout cela avec moi. J'étais désespérée et je lui ai répondu que je ne viendrai pas avec lui, il pouvait parler avec moi à la maison. »

Plus tard, c'est un prêtre catholique d'un village voisin qui est venu. « Il prétendait cacher une famille juive, et m'a demandé si je voulais venir avec lui. Je l'ai suivi dans un champ, et il m'a attirée à lui et a essayé de m'embrasser : "Je sais que tu es juive", me cria-t-il. "Non, je suis polonaise", lui ai-je répondu en m'enfuyant à toutes jambes. "Je ne veux plus jamais avoir affaire à ce prêtre", ai-je dit plus tard à "petite tante". Et elle m'a demandé : "Pourquoi ne pries-tu jamais ?" Alors j'ai appris quelques prières chrétiennes. »

* * *

Jurek essaie à plusieurs reprises de faire parvenir des lettres à Cyla par l'intermédiaire de la poste des partisans. Mais il ne reçoit aucune réponse. Que sont devenus ses messages, on ne le saura jamais. Quoi qu'il en soit, Cyla attend ardemment des nouvelles de Igolomia.

Mais Jurek pressent que la guerre sera bientôt finie. Sûr de lui, comme les autres partisans, il se déplace dans les différents villages. Et c'est le cas ce soir de novembre. Avec quelques camarades, et parmi eux ses frères Karol et Krysztof, ils font la fête tard dans la nuit jusqu'à ce que l'alcool manque. « Où allons-nous maintenant ? » demande un audacieux, et toute la troupe se retrouve dans la rue. Jurek entend des pas et suppose que ce sont des Polonais qu'ils connaissent qui reviennent de jouer aux cartes. Et pendant que le reste des fêtards se disperse, il se cache tout seul dans un buisson pour faire une mauvaise plaisanterie aux deux buveurs polonais.

«Halte! On ne bouge plus! hurle-t-il en allemand et sursaute en entendant tout à coup quelqu'un charger son fusil.

– Qu'est-ce qui se passe ici? demande un Allemand de la Wehrmacht, de mauvaise humeur.

– Oh! pardon! Je voulais faire peur à des amis.

– Ah, dit le soldat en riant, et si nous avions tiré? Mais assez plaisanté, conduis-nous à la poste. »

La voiture des soldats est tombée en panne, et ils veulent téléphoner à Cracovie pour qu'on leur envoie un mécanicien.

Ils restent un bon moment à la poste, sans parvenir à obtenir la communication. Et comme on ne peut pas savoir combien de temps cela va durer, Jurek est envoyé en compagnie d'un sous-officier chercher du schnaps. Peu après, ils sont assis tous les trois autour d'une bouteille de vodka. Tandis que les partisans se sont déjà regroupés autour de la poste, prêts à libérer leur ami si besoin est, une conversation mémorable s'engage.

L'un des Allemands dit qu'il s'appelle Fritz et demande à Jurek quel est son prénom.

Puis ils lèvent leurs verres.

« Eh bien, mon cher partisan, à la tienne! »

Jurek assure qu'il n'est pas un partisan, pendant quelques instants il a l'impression « que son cœur s'arrête de battre », et il se jette nerveusement sur le pain et les oignons.

Puis l'Allemand le force à trinquer avec lui. « Bien sûr que vous êtes tous des partisans », lui déclare-t-il, mais il ajoute qu'il s'en fout complètement.

Ils restent ensemble à boire pendant une bonne heure. Puis la communication peut enfin être établie et les Allemands prennent congé.

« Au revoir, partisan », dit le sous-officier et il serre Jurek dans ses bras.

***

Cyla est désespérée. Il y a des mois qu'elle n'a reçu aucune nouvelle de Jurek, et «petite tante» se comporte de façon bizarre. Jurek est tombé en combattant chez les partisans, dit-elle tristement. Elle en est sûre. Elle l'a entendu dire.

Au début, Cyla ne veut pas la croire. Mais plus le temps passe sans qu'elle reçoive de signes de vie de son bien-aimé, plus elle est persuadée que Genowefa a raison.

Le 3 janvier 1945, le petit village est libéré par l'Armée rouge. Jurek ne se montre pas, et «petite tante» s'entête à répéter qu'il est tombé au combat.

Cyla ignore que les combats font toujours rage dans les environs de Igolomia. Ce n'est que trois semaines plus tard, le 29 janvier, que les premiers soldats soviétiques pénètrent dans le village. Jurek y est encore retenu pendant deux semaines, puis il peut enfin se mettre en route pour Gruszow.

***

Entre-temps, Cyla a abandonné tout espoir de pouvoir serrer un jour son bien-aimé dans ses bras. Lorsque Jurek arrive à la mi-février, elle a quitté Gruszow depuis trois jours.

Après avoir attendu en vain, elle est partie à Lomza contre la volonté de Genowefa Czernik pour voir si des membres de sa famille avaient survécu.

«Lorsque je suis partie, "petite tante" était complètement désespérée. Elle m'a tirée par les cheveux que je portais attachés en deux longues tresses, elle criait "Dieu m'a donné une fille et maintenant il me la reprend."» Mais Cyla s'est quand même mise en route.

Elle s'est rendue à la gare la plus proche et a attendu un train en direction de l'Est. Cyla n'était pas toute seule sur le quai. Un homme de haute taille qui ressemble à un Allemand ne la quitte pas des yeux. Puis il s'approche d'elle et lui dit : « Tu n'as pas besoin d'avoir peur. Je suis juif moi aussi. » Cyla se méfie. Elle commence par dire qu'elle n'est pas juive, puis elle se sent en confiance. « Je t'emmène chez mon frère David », lui dit l'inconnu.

24

David Zacharowitz a survécu à la guerre comme « catholique », en Pologne. Il tombe immédiatement amoureux de Cyla. Ils se rendent ensemble à Lomza, mais de la famille de Cyla, personne n'a survécu à la guerre.

« Nous allons rester ensemble », promet-il à Cyla. Il déniche des alliances à Prague. Peu après ils se marient et se rendent en Suède, dans l'attente d'un visa pour les États-Unis. Ils trouvent du travail dans un atelier de couture et cinq ans plus tard, ils émigrent aux États-Unis où Cyla a de la famille. Ils s'installent à Brooklyn et ouvrent une bijouterie. Plus tard ils ont une fille.

David Zacharowitz meurt en 1975.

* * *

Jurek Bielecki décide de rester constamment en contact avec la famille Czernik. Il attend des nouvelles de Cyla. De Suède, celle-ci envoie régulièrement des colis avec de la pénicilline, mais Genowefa Czernik prétend qu'elle n'a pas la moindre idée de l'endroit où se trouve Cyla.

Lorsqu'elle reçoit une photo de Cyla sur un lit de malade, elle raconte à Jurek qu'elle a reçu une mauvaise nouvelle : Cyla est morte dans un hôpital scandinave. Jurek est bouleversé. Il croit « petite tante ». Plus tard il s'installe à Nowy Targ où, au terme d'une formation d'ingénieur, on lui attribue une place de directeur d'un lycée technique.

Il se marie, il a trois enfants.

Tadeusz Srogi quitte Auschwitz à la fin 1944. Avec mille cinq cents autres détenus, il est transporté à Nossen, où il doit travailler pour l'industrie de guerre allemande. Plus tard Tadek est évacué à Leimeritz et libéré le 9 mai 1945. Tadeusz Srogi revient en Pologne. Il vit aujourd'hui à Breslau.

Vitka, la domestique polonaise, réussit effectivement à retrouver Jurek en Pologne. Une amie qui travaille à la poste à Rzeszow l'aide dans ses recherches.

Le 7 juin 1983 un avion se pose sur l'aéroport de Balice près de Cracovie. Il en descend des passagers en provenance des États-Unis. Cyla Zacharowitz regarde autour d'elle à la recherche de quelqu'un, et son regard tombe sur un homme maigre. Il a trente-neuf roses rouges dans la main, une pour chaque année passée depuis Auschwitz. «Tant d'années», se dit Cyla Zacharowitz. Ils se regardent. «Comme tu es devenu sérieux», dit-elle. Et Jerzy Bielecki répond : «Mais toi tu n'as pas changé.»

Ils se rendent une fois encore à Gruszow pour rendre visite à la vieille Mme Czernik.

«Petite tante, pourquoi nous as-tu menti?» demande Cyla, mais la vieille femme éclate en sanglots.

Alors, ils ne lui posent pas d'autre question.

La mère de Jurek s'est plus tard excusée auprès de son fils. Elle lui a assuré que seuls les soucis qu'elle se faisait pour lui l'avaient incitée à se comporter de la sorte.

Maintenant Jurek et Cyla se voient régulièrement. Mais il est trop tard pour le grand amour.

BIBLIOGRAPHIE

ALY, Götz, *«Endlësung» : Vëlkerverschiebung und der Mord an den europöischen Juden*, Francfort-sur-le-Main, S. Fischer, 1998.

AUGUST, Jochen, *«Sonderaktion Krakau» : die Verhaftung der Krakauer Wissenschaftler am 6. November 1939*, Hambourg, Hamburger Ed., 1997.

BENZ, Wolfgang, HERMANN, Graml, *Weiss Hermann, Enzyklopödie des Nationalsozialismus*, Munich, Deutscher Taschenbuch Verl., 1997.

BIELECKI, Jerzy, *Kto ratuje jedno zycie...*, Auschwitz, Verl.-Abt. des Staatlichen Auschwitz-Museums, 1999.

BOROWSKI, Tadeusz, *Bei uns in Auschwitz. Erzöhlungen*, Munich, Piper, 1982.

COURTOIS, Stéphane, *Le Livre noir du communisme : crimes, terreur et répression*, Paris, R. Laffont, 1997.

CZECH, Danuta, *Kalendarium der Ereignisse im Konzentrationslager Auschwitz-Birkenau 1939-1945*, Hambourg, Rowohlt, 1989.

DESELAERS, Manfred, *«Und Sie hatten nie Gewissensbisse?» Die Biografie von Rudolf Hëss, Kommandant von Auschwitz, und die Frage nach seiner Verantwortung vor Gott und den Menschen*, Leipzig, Benno Verl., 1997.

DWORK, Deborah, PELT, Robert Jan van, *Auschwitz : 1270 to the Present*, New York-Londres, W.W. Norton, 1996.

EDMONDS, Robin, *The Big Three : Churchill, Roosevelt, and Stalin in Peace & War*, New York-Londres, W.W. Norton, 1991.

FRANK, Niklas, *Der Vater. Eine Abrechnung*, Munich, 1993.

FRIEDRICH, Otto, *Kënigreich Auschwitz*, Hambourg, 1995.

GEISS, Immanuel; JACOBMEYER, Wolfgang, *Aus dem Dienstagebuch von Hans Frank. Generalgouverneur*, Opladen, Leske & Budrich, 1980.

Gesellschaft zur Betreuung von Auschwitz, Warschau, Memento Auschwitz, 1998.

GIORDANO, Ralf, *Wenn Hitler den Krieg gewonnen hätte : die Pläne der Nazis nach dem Endsieg*, Hambourg, Rasch und Rëhring, 1989.

GREIF, Gideon, «*Wir weinten tränenlos…*» *Augenzeugenberichte des jüdischen «Sonderkommandos» in Auschwitz*, Francfort, Bëhlau, 1999.

GROSS, Jan, *Polish Society under German Occupation. The General-Gouvernment, 1939-1944*, Princeton, University Press, 1979.

GUTMAN, Israel, *Enzyklopödie des Holocaust : die Verfolgung und Ermordung der europäischen Juden*, trois volumes, Berlin, Argon, 1993.

Hamburger Institut Für Sozialforschung, *Die Auschwitz-Hefte. Texte der polnischen Zeitschrift «Przeglad Lekarski» über historische, psychische und medizinische Aspekte des Lebens und Sterbens in Auschwitz*, Hambourg, Weinheim, 1994.

HILBERG, Raul, *La Destruction des Juifs d'Europe*, Paris, Fayard, 1988.

KALYNIUK, Roman; MUZYK, Zbigniew, *Nowy Sacz*, Nowy Sacz, 1999.

KIELAR, Wieslaw, *Anus mundi : cinq ans à Auschwitz*, Paris, Robert Laffont, 1980.

KOGON, Eugen, *L'État SS : le système des camps de concentration allemands*, Paris, Éditions du Seuil, 1970.

KOHL, Christiane, *Der Jude und das Mädchen. Eine verbotene Freundschaft in Nazideutschland*, Hambourg, 1997.

MANN, Golo, *Deutsche Geschichte des 19. und 20. Jahrhunderts*, Francfort-sur-le-Main, S. Fischer, 1958.

REUTH, Ralf Georg; GOEBBELS Joseph, *Tagebücher*, cinq volumes, Munich, Piper, 1990.

SCHOENBERNER, Gerhard, *Zeugen sagen aus. Berichte und Dokumente über die Judenverfolgung im «Dritten Reich»*, Berlin, 1998.

SCHRAMM, Percy Ernst, *Das Kriegstagebuch des Oberkommandos der Wehrmacht*, huit volumes, Francfort, Bernard & Graefe, 1961-1965.

SHIRER, William L., *Le Troisième Reich des origines à la chute*, Paris, Stock, 1960.

Ibid., *Berliner Tagebuch. Das Ende 1944-1945*, deux volumes, Leipzig, G. Kiepenheuer, 1991.

SICHELSCHMIDT, Lorenz, *Mala. Ein Leben und eine Liebe in Auschwitz*, Brême, Donat, 1995.

SOBOLEWICZ, Tadeusz, *Aus dem Jenseits zurück*, Auschwitz, Verl.-Abt. des Staatlichen Auschwitz-Museums, 1993.